Contraste insuffisant

franchement dans ce qu'il avait créé ou préparé de bon et de beau, dans ce qu'il a laissé de noble et de touchant, sans être soupçonné de chercher à le reconstruire, et de dire à ses restes épars : Os arides de nos pères, levez-vous et régnez sur nous ! Libres, à l'égard du passé, de ces préoccupations politiques qui dénaturent et flétrissent tout ce qu'elles touchent, c'est aujourd'hui que nous pouvons, sans crainte et sans danger pour nos intérêts nouveaux, nous reporter avec complaisance vers les diverses stations de nos devanciers dans la route de la civilisation, prêter quelquefois l'oreille à la mélodie lointaine de leurs chants, nous enivrer du charme religieux et chevaleresque attaché à la plupart de leurs récits, nous incliner enfin devant ces merveilles des arts, ces prodiges de l'industrie humaine, dont leurs pieuses et patientes générations ont paré la terre que nous habitons. Nous ne sommes d'ailleurs heureusement plus au tems où les esprits les plus élevés, les ames les plus tendres, faussés par une admiration trop exclusive des productions de l'antiquité classique, ne pouvaient comprendre tout ce qu'il y a d'émotions et de souvenirs, de convenances et d'harmonies locales dans l'aspect de ces monumens si long-tems dédaignés, de ces monumens dont les humbles créateurs ont le plus souvent négligé de nous transmettre leurs noms, comme s'ils avaient voulu nous faire entendre qu'ils ne servaient que d'instrumens passifs à des inspirations célestes. Ces trésors mystérieux d'enthousiasme et de poésie nous sont enfin rendus, en même tems que le secret des caractères de l'antique Egypte; et peut-être était-il indispensable d'arriver jusqu'à la hauteur actuelle de notre civilisation pour en bien comprendre les premiers élans, pour saisir le sens caché de ses premiers travaux échappés aux regards moins étendus et moins puis-

instruits, de fournir aux personnes qui commencent à s'en occuper, un corps de doctrine clair et complet, des types authentiques et des règles chronologiques précises, propres à les préserver de ces lenteurs, de ces méprises, de ces obscurités qu'il a fallu franchir jusqu'ici avant de pénétrer dans le temple de la science. Plus le besoin de ces recherches est devenu populaire et universel, plus elles doivent, autant que possible, être mises à la portée de toutes les intelligences et de toutes les situations sociales.

Telle est la tâche importante qui n'avait encore été accomplie en France que d'une manière partielle et imparfaite. Les antiquités classiques, telles qu'ells se rencontrent dans des contrées plus voisines de leur berceau, avaient seules jusqu'à ce jour été exposées chez nous avec quelque méthode. Quant à nos vieilles pierres druidiques, à nos modestes constructions romaines de petit appareil, à nos magnifiques édifices religieux et militaires du moyen âge, à nos enceintes retranchées d'origine et de forme si diverses, à ces débris de trente siècles entassés confusément sur notre propre sol, et à toutes les questions d'art et d'époque qu'ils soulèvent, il n'existait que des renseignemens spéciaux, épars dans de nombreux volumes, d'une acquisition difficile et dispendieuse, écrits pour la plupart dans un idiome étranger. C'est là que chacun devait aller les chercher lui-même pour les coordonner à sa manière et se créer un système et un vocabulaire à son usage, au milieu de tant de divergences et de contradictions.

Ce fâcheux état de choses va enfin avoir un terme. Les mesures prises avec tant de succès depuis quelques années pour la prompte diffusion des sciences utiles à l'industrie vont être appliquées à l'une des branches du savoir humain qui sont restées enveloppées de plus de mystère jusqu'à ce jour, la critique monumentale. C'est dans la ville de Caen, point central des travaux archéologiques normands, que ce généreux exemple sera donné. Un jeune savant qui compte plus de services que d'années, M. de Caumont, au zèle et aux talens duquel nos antiquités locales ont déjà de si grandes obligations, qui a recueilli le premier parmi nous un corps de doctrine suivi concernant leur portion la plus obscure et la plus féconde à-la-fois (l'architecture du moyen âge), s'est courageusement dévoué à cette utile et laborieuse mission. Secrétaire de la Société des Antiquaires de Normandie depuis sa fondation, dépositaire de ses travaux et de ses traditions, en relation intime et continuelle avec chacun de ses membres aussi bien qu'avec les plus célèbres archéologues nationaux et étrangers, connaissant à fond par de fréquentes visites sur le terrain tous nos monumens ainsi que la plupart des objets de comparaison que renferment les contrées voisines, notre jeune et savant ami présente toutes les garanties possibles d'un enseignement parfaitement approprié aux besoins de l'époque et du pays. C'est à partir du 15 janvier qu'il doit ouvrir un cours public et gratuit d'archéologie, où seront successivement décrits et classés chronologiquement les diverses espèces de monumens qui se rencontrent sur notre sol. Il n'existe parmi nous aucun ami de la science qui ne doive envier aux habitans de Caen la faculté de participer à cette instruction si nouvelle, entourée de tout l'attrait qui s'attache aux leçons orales, de toute la clarté que pourront y ajouter des dessins de grande dimension ou des modèles en relief, aussi souvent que le sujet comportera ce genre de démonstration. Heureusement au moins la presse et la lithographie vont reproduire pour nous chacune de ces leçons immédiatement après qu'elle aura eu lieu, et sinon nous en rendre tout le charme, au moins nous mettre à portée d'en recueillir les mêmes fruits que nos voisins. Nous ne connaissons point de publication propre à exercer une plus brillante et plus utile influence sur les études archéologiques dans toute l'étendue de la province. Aussi est-ce avec une confiance et une insistance toute particulières que nous la recommanderons à l'attention de nos concitoyens, non comme une spéculation ordinaire de librairie, mais comme l'un des plus précieux présens qu'un ami des sciences historiques puisse faire à son pays.

A. Le Prevost.

Le cours complet se composera de six livraisons, dont chacune contiendra plusieurs planches, et que l'on pourra se procurer séparément.

La première renfermera les leçons relatives aux antiquités celtiques. La deuxième et la troisième traiteront des antiquités romaines ; la quatrième, la cinquième et la sixième des antiquités du moyen âge.

Le prix de la souscription est de 6 fr. pour chaque livraison, et de 7 fr. par la poste.

On souscrit :

A Rouen, chez Frère, libraire, sur le Port.

FIN.

IMPRIMERIE DE TH^e D. BRIÈRE,
RUE SAINT-LO, N° 7.

COURS

D'ANTIQUITÉS

MONUMENTALES.

[illegible]

[illegible] et que l'on pourra [illegible]

[illegible] leçons relatives aux [illegible] à la troisième traiterons des [illegible] la cinquième et la [illegible]

[illegible] 6 [illegible]

[illegible]

A [illegible] sur le Port [illegible]

[illegible]

COURS

D'ANTIQUITÉS

MONUMENTALES.

T. CHALOPIN, IMPRIMEUR-LIBRAIRE,
RUE FROIDE, N°. 2.

COURS D'ANTIQUITÉS

MONUMENTALES

Professé à Caen

PAR M. DE CAUMONT,

SECRÉTAIRE DE LA SOCIÉTÉ DES ANTIQUAIRES DE NORMANDIE, MEMBRE DE LA SOCIÉTÉ ROYALE DES ANTIQUAIRES DE FRANCE, DE LA SOCIÉTÉ DES ANTIQUAIRES D'ÉCOSSE, DE L'ACADÉMIE ROYALE D'HISTOIRE DE MADRID, ET DE PLUSIEURS AUTRES COMPAGNIES SAVANTES FRANÇAISES ET ÉTRANGÈRES.

HISTOIRE
DE
L'ART DANS L'OUEST DE LA FRANCE,
DEPUIS LES TEMPS LES PLUS RECULÉS JUSQU'AU XVIIe. SIÈCLE.

TOME Ier.
PREMIÈRE PARTIE.

PARIS,
CHEZ LANCE, RUE CROIX-DES-PETITS-CHAMPS, N°. 50;
CAEN, T. CHALOPIN, IMPRIMEUR, RUE FROIDE.
ROUEN, FRÈRE, RUE GRAND-PONT;

1830.

AVERTISSEMENT.

Le cours que j'ai professé publiquement cette année (1) embrasse toutes les parties de la science des monuments nationaux. J'ai voulu présenter à mes auditeurs un corps de doctrine propre à les guider dans l'étude et la classification des antiquités de différents âges, que la France renferme encore en si grand nombre.

Un cadre aussi vaste me mettait dans la nécessité de traiter très-rapidement toutes les questions que soulèvent ces débris de vingt siècles, entassés confusément sur notre sol. Aussi le résumé que je présente n'est que l'es-

---

(1) Depuis l'établissement de la Société des Antiquaires j'avais donné quelques leçons d'Archéologie à des jeunes gens studieux qui se faisaient un plaisir de m'accompagner dans mes courses d'exploration, lorsque je dressais la carte Monumentale du Calvados; mais cet enseignement irrégulier et très-restreint était loin de répondre au désir qu'on éprouve généralement dans nos contrées de connaître la science des antiquités, depuis qu'une grande impulsion est donnée aux études monumentales. J'ai donc cédé aux instances qu'on a faites près de moi et j'ai professé publiquement un Cours d'Archéologie appliqué au pays. L'empressement avec lequel mes conférences ont été suivies m'engage à les recommencer chaque année en y ajoutant quelques développements nouveaux.

quisse d'un ouvrage plus complet que je me propose de publier par la suite.

De même que dans l'histoire des peuples il est plus facile de vérifier la série des événements qui se sont succédés dans chaque pays que de déterminer leur coïncidence mutuelle; de même aussi on parviendra plutôt à connaître exactement la marche de l'art dans des régions isolées qu'à déterminer l'âge relatif ou la contemporanéité des monuments qui appartiennent à des contrées différentes et éloignées les unes des autres.

Cette considération m'a déterminé à explorer les antiquités de la France occidentale avec une attention particulière, et à prendre dans ce pays les principaux types authentiques que j'ai cités à l'appui de mon système de classification.

J'ai essayé d'esquisser *l'histoire de l'art dans l'Ouest de la France*, sans toutefois me circonscrire absolument dans les limites de cette *région archéologique* (1).

(1) Après avoir lu les différentes parties de mon Cours, on demeurera convaincu que j'ai écrit *l'histoire de l'Art dans l'Ouest de la France*, et que ce titre convient parfaitement à mon travail. Cependant il fallait, ans un ouvrage destiné à l'enseignement, réunir et présenter des faits assez nombreux et assez généraux pour donner lieu à des principes de classification parfaitement

Avant d'arrêter les bases de l'enseignement nouveau que j'ai créé dans la ville de Caen, j'ai entrepris plusieurs voyages, et j'ai visité un grand nombre de monuments.

« La voie de comparaison, a dit Caylus, est
« pour l'antiquaire ce que les observations et
« l'expérience sont pour le physicien ; l'inspec-
« tion de plusieurs monuments rapprochés avec
« soin en découvre l'usage, comme l'examen
« de plusieurs effets de la nature en dévoile le
« principe. Tel est le précepte que j'ai mis en pratique et dont j'ai cherché à pénétrer les personnes qui ont suivi mes conférences.

Convaincu d'ailleurs que l'archéologie doit être une science positive, aussi sûre que les sciences physiques d'observation, j'ai hardiment annoncé les faits dont l'authenticité est aujourd'hui reconnue, tels que la modification des formes et la différence des types suivant les époques.

Au contraire, ce qui touche à l'origine des inventions, aux circonstances qui ont favorisé *leur migration*, etc., étant beaucoup moins certain, je me suis contenté de rapporter à ce

---

sûrs. Aussi ai-je souvent comparé les monuments de l'Ouest avec ceux des autres parties de la France et de l'Angleterre.

sujet les opinions le plus généralement admises, sans les adopter absolument.

Tout en exposant le détail des faits les plus saillants de l'histoire monumentale, j'ai tâché de généraliser les idées et d'aborder quelques-unes des grandes questions qui touchent à la philosophie de l'histoire de l'art, j'ai comparé cette histoire à celle des sciences et de la civilisation.

De pareilles considérations ne doivent pas être regardées comme de vagues spéculations théoriques. Loin d'être infructueuses, elles conduisent à la connaissance des lois qui ont présidé au développement de tous les perfectionnements physiques et moraux. Elles montrent la liaison intime qui existe entre toutes les productions du génie de l'homme.

La science des monuments est si étendue, elle embrasse des recherches si diverses qu'indépendamment des observations qui me sont propres, il m'a fallu réunir une masse considérable de faits, une multitude de renseignements épars dans de nombreux volumes d'une acquisition difficile et dispendieuse, écrits pour la plupart dans un idiôme étranger. Je me suis fait une loi de citer toutes ces autorités, et lorsqu'il m'est arrivé de reproduire textuellement quelque définition qui ne pouvait être augmentée ni raccourcie, ni changée sans perdre de sa clarté et de sa précision, j'ai scrupuleusement indiqué les ouvrages auxquels j'ai fait cet emprunt.

Tels sont les principes qui m'ont guidé dans la composition du cours d'antiquités que j'offre au public.

J'ai cherché à rendre les connaissances archéologiques plus accessibles, en offrant des règles chronologiques propres à préserver des lenteurs des méprises, en un mot de tous les obstacles qu'on ne peut ordinairement franchir qu'avec une extrême difficulté, faute de guides.

J'ai fait tous mes efforts pour simplifier l'étude d'une science riche de faits et intéressante pour toutes les classes éclairérées de la société; puissé-je avoir atteint le but que je me suis proposé.

TABLE DES SOMMAIRES

DU

PREMIER AU HUITIÈME CHAPITRE.

CHAPITRE Ier.

Page 1.

L'histoire des arts n'est pas moins intéressante à connaître que celle des peuples. — On a pendant trop long-temps négligé de l'étudier, et le manque d'ouvrages élémentaires empêche encore aujourd'hui la propagation des connaissances archéologiques. — Cette considération a déterminé l'auteur à composer un traité d'antiquités et à professer publiquement cette science. — Objet du cours. — Motifs pour s'attacher de préférence à décrire et à classer les monuments du Nord-ouest de la France. — Plan et division du cours. — Résultats que l'on peut espérer de ce nouvel enseignement. — Intérêt et utilité des connaissances qui en feront l'objet. — Remercîmens adressés aux personnes qui ont secondé ou encouragé les efforts de l'auteur.

CHAPITRE II.

Page 15.

Les édifices dont l'origine remonte à des siècles différents offrent des oppositions plus ou moins sensibles dans leurs caractères, au lieu que l'on trouve toujours identité de types dans les édifices contemporains. — La classification chronologique des antiquités monumentales repose toute entière sur cette observation. — Les monuments nationaux les plus anciens sont les monuments celtiques. — C'est de leur examen que l'on s'occupera d'abord. — Nécessité de faire précéder l'étude de ces monuments par quelques notions générales sur le peuple qui les a élevés.

CHAPITRE III.

Page 19.

Insuffisance des documents transmis sur l'histoire de la Gaule par les anciens écrivains. — Des principaux peuples de la Gaule avant la conquête romaine. — Exposé du système de M. Thierry sur leur filiation. — Caractères physiques de la nation gauloise. — Costumes. — Nourriture. — Caractères moraux. — Éducation. — Vie privée. — État des personnes. — Croyances religieuses et superstitions. — Prêtres gaulois ou Druides divisés en plusieurs classes. — Leurs cérémonies. — Leur pouvoir. — Leurs connaissances. — Division de la Gaule en peuplades ou cités. — Importance relative, hiérarchie et gouvernement des cités. — Organisation militaire des gaulois, leurs armes offensives et défensives. — Leur marine. — Etat de l'agriculture. — Industrie. — Commerce.

CHAPITRE IV.

Page 62.

Que faut-il entendre par monuments celtiques ? — Ce sont des ouvrages grossiers qui remontent à une époque antérieure à la conquête de la Gaule par les Romains. Ce principe de chronologie monumentale souffre néanmoins des exceptions. — Observations à ce sujet. — Description de quelques monuments celtiques ; indication des localités où on les rencontre, et de leur destination présumée. — 1°. Pierres levées ou peulvans. — 2°. Pierres posées. — 3°. Pierres branlantes. — 4°. Trilithes ou Lichavens. — 5°. Autels druidiques ou Dolmens. — 6°. Allées couvertes ou grottes aux fées ; — 7°. Enceintes druidiques. Description des monuments d'Avebury et de Stonehenge, etc. — 8°. Alignements. Avenues de Carnac, d'Ardeven (Morbihan), etc. — 9°. Pierres groupées. — 10°. Roches naturelles consacrées au culte. — Un mot des sculptures et autres ouvrages grossiers observés sur quelques pierres druidiques.

CHAPITRE V.

Page 122.

On appelle *tumulus* des monticules artificiels élevés sur la cendre des morts. — Ce que l'on sait de plus précis relativement à ces éminences est dû aux recherches et aux explorations des antiquaires Anglais. — Classification des *tumulus* basée sur leur forme extérieure ; ils peuvent être rapportés à sept espèces principales. — Leur disposition intérieure offre des particularités très-remarquables ; elle n'est pas la même dans tous. — Deux modes d'inhumation usités dans les *tumulus* ; suivant l'un on enterrait le corps entier ; on le réduisait préalablement en cendres suivant l'autre. — Instruments, bijoux et autres objets découverts dans les *tumulus*. — Indication de plusieurs localités où il existe de pareils monuments en Normandie. — Description de quelques-uns de ceux qui se rencontrent dans ce pays, en Angleterre et dans d'autres contrées. — Difficulté de fixer l'époque à laquelle on a cessé d'élever des *tumulus* en Gaule. — Il y en a qui ne remontent pas au-delà de l'établissement des Romains dans ce pays ; plusieurs pourraient être encore moins anciens. — A ces exceptions près les *tumulus* paraissent antérieurs à la conquête de la Gaule.

CHAPITRE VI.

Page 156.

De l'architecture civile des Celtes d'après les historiens. — Résultats confirmatifs, et nouveaux documents obtenus par l'observation, en France et en Angleterre. — Souterrains, cavernes et autres excavations auxquelles on attribue une origine celtique dans ces deux pays. — Des lieux d'habitation des Gaulois. — Les *vici*, leur position. — *Oppida* ou places fortifiées. — Distinction fondamentale entre ceux qui ont été habités en tous temps, et les lieux de refuge occupés momentanément. — Position des *oppida*, architecture de leurs remparts. — Distribution présumée des maisons dans les *oppida-villes*. — Opinion de M. Dulaure sur les *oppida*. — En quoi elle est erronée. — Exposé et réfutation de quelques-uns des arguments de cet auteur. — Preuves de l'existence des *oppida-villes*, tirées des commentaires de César. Description de plusieurs *oppida* observés en Normandie et ailleurs. — Chemins, fossés et limites territoriales présumés d'origine celtique.

CHAPITRE VII.

Page 207.

Les objets d'art qui peuvent être rapportés aux Celtes et que l'on rencontre en France sont pour la plupart en métal ou en pierre dure. — Les derniers sont regardés comme les plus anciens ; toutefois on a pu s'en servir encore long-temps après la découverte des métaux. — Description de quelques instruments en pierre. — Poignards et couteaux. — Pointes de flèches et de javelots. — Marteaux. — Pierres de fronde. — Haches, etc. — Le bronze était le métal favori des Celtes. — Recherches de M. Clarke sur la composition des bronzes celtiques. — Ils sont formés le plus souvent des mêmes quantités relatives de cuivre et d'étain que les bronzes de la Grèce et de l'Égypte. — Haches en bronze. — Leurs formes les plus ordinaires. — Quelques mots sur leur destination et sur les localités où on les rencontre habituellement. — Incertitudes au sujet de l'époque à laquelle on a cessé d'en faire usage. — Les haches de bronze ont été coulées. — Description de deux moules en bronze trouvés l'un en Angleterre, l'autre dans l'arrondissement de Valognes. — Épées de bronze. — Leur forme a beaucoup de rapport avec celle des plus anciennes épées grecques. — Poignards, pointes de lances et autres instruments en bronze. — Des ornements appelés *torques*; leurs différentes formes. — Description d'une espèce d'ornement de la classe des *torques* découvert à plusieurs reprises en Normandie et en Irlande. — Autres objets en or trouvés dans ces deux pays. — Des médailles celtiques. — Leurs types principaux. — Elles doivent être divisées en deux classes ; les unes sans inscriptions, antérieures à la domination romaine ; les autres avec des inscriptions et qui appartiennent aux premiers temps de l'ère gallo-romaine. — Importance des médailles celtiques. — Travaux de M. Lambert sur cette branche de la numismatique. — Poteries celtiques

— Leur caractère. — Description de quelques-unes de celles qui ont été trouvées en Normandie et en Angleterre.

CHAPITRE VIII.

Page 261.

Réflexions sur les erreurs commises par ceux qui ont supposé aux Gaulois des arts appartenant à une civilisation avancée. — Conclusion. — Tableau synoptique des antiquités celtiques.

COURS
D'ANTIQUITÉS
MONUMENTALES.

CHAPITRE Ier.

L'histoire des arts n'est pas moins intéressante à connaître que celle des peuples. — On a pendant trop long-temps négligé de l'étudier, et le manque d'ouvrages élémentaires empêche encore aujourd'hui la propagation des connaissances archéologiques. — Cette considération a déterminé l'auteur à composer un traité d'antiquités et à professer publiquement cette science. — Objet du cours. — Motifs pour s'attacher de préférence à décrire et à classer les monuments du Nord-ouest de la France. — Plan et division du cours. — Résultats que l'on peut espérer de ce nouvel enseignement. — Intérêt et utilité des connaissances qui en feront l'objet. — Remercîmens adressés aux personnes qui ont secondé ou encouragé les efforts de l'auteur.

Messieurs,

L'histoire ne se borne pas à la connaissance des faits d'armes et des événements, qui ont plus ou moins modifié la forme et l'étendue des empires ; elle embrasse encore dans son vaste cadre celle des monuments de l'art et des autres inventions humaines. Les arts n'ont pas été plus stationnaires que les sciences, les mœurs, les coutumes; ils ont varié comme elles; ils ont eu leurs révolutions, leurs beaux siècles, leur décadence, comme les peuples qui les ont cultivés. Malheureusement cette branche importante des sciences historiques a été pendant long-temps totalement négligée en France. Tandis qu'on a décrit avec une minutieuse exactitude les sièges, les batailles, et cette série monotone de succès et de revers qui forment la majeure partie des annales de toutes les nations, des conquêtes plus réelles, qui ne doivent rien à la force et ne procèdent que du génie, n'ont pas trouvé d'historien.

Ce fut à la renaissance des lettres que l'on commença en France à s'occuper de l'étude des antiquités monumentales; mais alors on se passionna pour les arts des anciens, au point que l'on conçut d'injustes préjugés contre tous les édifices élevés depuis la décadence de l'Empire romain. Tous furent regardés avec dédain, tous reçurent l'impropre et injurieuse dénomination de *gothiques*. Les monuments romains eux-mêmes furent mal décrits; encore on ne s'attacha qu'aux plus importants d'entre eux. L'Italie et le Midi de la France absorbèrent toute l'attention des antiquaires, et les monuments du Nord demeurèrent pour la plupart inaperçus jusqu'au XVIIIe siècle, que la savante Académie des Inscriptions sut donner à l'étude des antiquités romaines une impulsion nouvelle. Mais un grand nombre de faits échappèrent encore aux investigateurs de cette époque qui d'ailleurs répudièrent les édifices du moyen âge, comme on l'avait fait avant eux.

Il était réservé à notre siècle, où l'étude de l'histoire et de l'antiquité a pris un plus libre essor, d'examiner avec impartialité tout ce que les nations plus ou moins civilisées ont produit d'utile, de grand et de beau, et de remplir l'immense lacune qui existait dans notre histoire monumentale.

C'est depuis quinze ou vingt ans seulement qu'on a fait en France des recherches propres à jeter une grande lumière sur nos antiquités nationales. D'importants ouvrages et de bons mémoires (1) ont été publiés sur plusieurs points

---

(1) Le grand et magnifique ouvrage de M. le comte de La Borde, sur les monuments de la France ;

Celui de MM. Schweighauser et de Golbery, sur les antiquités de l'Alsace ;

de la France : l'attention s'est tournée vers les monuments du moyen âge; on a voulu connaître les souvenirs qui s'y rattachent, étudier et suivre la marche de l'art, à travers les siècles passés. Dans cette circonstance, comme dans beaucoup d'autres, la Normandie a donné l'exemple. MM. de Gerville, Le Prévost, Langlois, qui se sont livrés de bonne heure à ce genre d'étude, bientôt ont eu des imitateurs dont le nombre n'a fait que s'accroître, surtout depuis l'établissement de notre Société des Antiquaires.

Cependant il faut l'avouer, la science des antiquités n'est encore le partage que d'un petit nombre de personnes privilégiées ; elle n'est point assez répandue, et ceux même qui possèdent déjà quelques connaissances en archéologie éprouvent de la difficulté lorsqu'ils essaient de classer chronologiquement les monuments, et de déterminer à quelles époques ils ont été élevés.

La cause de cet état de choses est facile à

L'histoire des cathédrales de France, par MM. de Jolimont et Chapuy;

Les monuments français inédits, pour servir à l'histoire des arts, par M. Willemin;

Enfin les mémoires publiés par la société des Antiquaires de Normandie, ceux de la société royale des Antiquaires de France, et tant d'autres bons ouvrages.

découvrir; il ne s'est encore trouvé personne qui ait cherché à faire de cette étude l'objet d'un enseignement régulier. De nombreuses recherches constituent, il est vrai, une masse imposante de documents précieux; mais on attend qu'un observateur consciencieux s'occupe de les coordonner et de les compléter. Nous ne possédons aucun ouvrage didactique qui embrasse la science des antiquités nationales dans toutes ses parties (1), aucun ouvrage élémentaire qui puisse populariser les connaissances archéologiques.

Il faudrait surtout une méthode simple et expéditive pour les gens du monde ou pour ceux qui ne peuvent suivre, dans tous ses détails, un système complet d'études monumentales; il faudrait qu'ils pussent acquérir, par la voie la plus rapide, des notions si non étendues, au moins assez précises pour connaître le fond de la science et les faits dont elle s'est enrichie de nos jours.

Convaincu de l'utilité d'un pareil ouvrage et des heureux résultats qu'il pourrait produire,

---

(1) L'excellent manuel d'archéologie, par M. Champollion-Figeac, qui fait partie de l'Encyclopédie portative, est consacré principalement aux antiquités égyptiennes, grecques et romaines. Il ne traite pas spécialement des antiquités nationales.

quelle que fût son imperfection, j'ai essayé de réunir les observations qui ont été faites en Normandie et sur plusieurs autres points de la France ainsi qu'en Angleterre ; de les comparer entre elles, et d'en former un corps de doctrine que je compte publier.

Mais comme les leçons orales l'emportent toujours sur les muettes leçons d'un livre, j'ai pensé que je me rendrais utile à mon pays en créant ici un enseignement qui n'existe point encore, en faisant un cours dans lequel j'exposerais d'une manière simple, claire et concise les principes fondamentaux de la science, en me bornant *exclusivement* à ceux qui pourraient être d'une application usuelle.

Je ne vous entretiendrai donc ni des monuments égyptiens, ni des monuments grecs, ni de ceux de l'Italie ; je me propose seulement de vous présenter un système de classification chronologique pour nos antiquités nationales en général, et de faire l'application de mes principes, en essayant de classer une partie des monuments de la Normandie, et par extension, de l'Ouest et du Nord-Ouest de la France.

Cette région est fort riche en édifices de tous les âges; elle est devenue véritablement classique, et aucune autre ne pourrait fournir des types plus nombreux ni plus variés. En m'attachant aux antiquités du Nord-Ouest de la France, j'aurai d'ailleurs l'avantage de vous parler des monuments du pays que nous habitons, monuments dont j'ai vu une grande partie, et que vous avez peut-être visités vous-même. Je pourrai fréquemment comparer nos antiquités avec celles de l'Angleterre, où la marche de l'art a suivi à peu près la même gradation que chez nous. En effet, la Brétagne a été peuplée de Celtes et de Belges, qui avaient les mêmes coutumes, le même gouvernement et les mêmes croyances religieuses que les habitants de la Gaule dont ils étaient descendus, et avec lesquels ils entretenaient des relations commerciales; ces deux contrées ont passé, à peu près dans le même temps, sous la domination romaine, et reçu la civilisation que ce peuple avait coutume d'importer chez les nations vaincues. Enfin, dans le moyen âge, la Normandie et l'Angleterre ont été long-temps gouvernées par les mêmes lois et par les mêmes souverains.

Cette comparaison, à laquelle je me livrerai souvent, sera d'autant plus utile, que tous les monuments de l'Angleterre ont été décrits par des hommes d'un talent supérieur. Nos résultats acquéreront un nouveau degré de certitude par la conformité qu'ils présenteront sans doute avec ceux qui ont été obtenus chez nos voisins ; et lorsqu'il se trouvera quelque lacune dans nos observations, nous pourrons avec confiance recourir aux importants travaux des Antiquaires Anglais, et nous enrichir de leur expérience.

Le cours que j'aurai l'honneur de vous faire se divisera en six parties.

DANS LA PREMIÈRE PARTIE, nous examinerons les monuments attribués aux Celtes et antérieurs à la colonisation des arts romains dans les Gaules.

DANS LA SECONDE PARTIE, nous jetterons un coup-d'œil sur les changements qui s'opérèrent dans le même pays après la conquête des Romains ; sur les divisions géographiques, l'organisation administrative, les progrès de l'industrie, de la civilisation, etc., etc., sous la domination romaine.

DANS LA TROISIÈME PARTIE, je vous offrirai la description des monuments romains et l'analyse des caractères qui les distinguent.

DANS LA QUATRIÈME PARTIE, j'esquisserai l'histoire de l'architecture religieuse dans le moyen âge, depuis la chute de l'Empire romain jusqu'au XVIe siècle, en y rattachant quelques détails sur les tombeaux, les fonts baptismaux et les autres monuments accessoires des édifices religieux.

La cinquième partie sera consacrée à l'architecture civile et à l'architecture militaire aux mêmes époques.

Dans la sixième partie, je vous présenterai des notions générales sur l'état de la peinture, de la calligraphie, de l'orfévrerie, et de plusieurs autres arts aux différents siècles du moyen âge.

Voilà, Messieurs, le plan que j'ai conçu.

Quoique je ne puisse me flatter d'obtenir des résultats tels que je les désirerais, cependant il m'a semblé qu'un cours d'*archéologie appliquée au pays*, dont les principes trouveraient chaque jour leur emploi, qui présenterait en outre des documents assez nombreux sur la statistique monumentale du Nord-Ouest de la France, aurait un genre d'attrait tout nouveau, qui pourrait jusqu'à un certain point triompher de l'indifférence qu'on affecte en général pour tout ce qui ne touche point aux intérêts matériels et immédiats. Cet espoir m'a soutenu dans la résolution de faire chaque année un cours d'antiquités monumentales. Mais j'ai besoin, Messieurs, de toute votre indulgence, et je la réclame instamment. Les considérations d'amour-propre n'ont point influé sur ma détermination. Je n'ai en vue que d'applanir les premières difficultés de la science, de multiplier les observateurs, et par suite les chances de découvertes.

Je vous dirai donc sans aucun apprêt et en employant le langage ordinaire de la conversation, ce que j'ai appris sur nos antiquités monumentales. Pour peu que vous vouliez me prêter quelque attention, vous puiserez dans ces conférences des notions, si non complètes, au moins positives et sûres qu'il vous sera facile d'augmenter et de perfectionner, et bientôt vous comprendrez l'importance des études archéologiques et le bonheur qu'on éprouve en observant les ruines et les monuments de l'antiquité. Il existe en effet, Messieurs, un puissant attrait, une source d'émotions profondes dans ces traces des générations qui ne sont plus; on aime à oublier le temps présent pour se reporter à des époques reculées, et s'identifier, pour ainsi dire, avec elles. Ces illusions ont un charme qui se conçoit mieux qu'on ne peut l'exprimer, mais qui est bien connu de tous les hommes doués de quelque sensibilité.

Cependant, Messieurs, vous trouverez un

grand nombre de personnes qui négligent l'étude des sciences archéologiques, ainsi que beaucoup d'autres études, parce qu'elles n'en aperçoivent pas l'utilité directe; comme si les besoins moraux n'étaient pas aussi impérieux que les autres pour l'homme civilisé, et comme s'il ne fallait pas rechercher avec empressement tout ce qui peut fournir quelque aliment à notre esprit. D'ailleurs cette objection n'est pas spéciale à l'étude des antiquités; elle s'applique également à toutes les connaissances humaines qui n'ont pas pour objet immédiat de satisfaire les besoins de la vie physique, et en la généralisant ainsi, une pareille idée devient trop absurde pour faire fortune dans le siècle où nous vivons.

Sans doute tel homme peut vous dire qu'il n'aime pas les antiquités, qu'il n'est pas frappé des beautés de l'architecture, qu'il est inaccessible aux charmes de la musique ou de la peinture. Mais à coup sûr, Messieurs, celui qui tient de bonne foi un pareil langage, est, pour me servir de la comparaison d'un jeune et savant littérateur(1), comme un instrument qui n'a pas toutes ses cordes ; c'est un être imparfait qui ne jouit pas de toutes ses facultés. Heureusement les

(1) M. Ed. Richer de Nantes.

hommes qui affectent une telle indifférence pour les sciences et les beaux-arts sont rares dans notre siècle, et le nombre en diminuera sans doute encore à mesure qu'une éducation propre à former le goût et l'esprit deviendra de plus en plus populaire (1).

Il me reste à vous déclarer que j'ai été secondé de la manière la plus obligeante dans mes recherches par plusieurs savants auxquels je me trouve heureux d'adresser publiquement mes remercîments.

M. le comte Alexandre de la Borde, membre de l'Institut, a eu la bonté de me confier l'exemplaire qu'il possède du grand ouvrage de King (2), le seul peut-être qui soit en France.

M. Van-Praet m'a aidé, avec son amabilité accoutumée dans les recherches que j'avais à faire à la bibliothèque royale.

J'ai pu consulter la précieuse collection de mémoires publiée par la société des Antiquaires

(1) Il est bon de prévenir le lecteur que ce cours d'Antiquités a été professé devant un auditoire nombreux, dont une partie étrangère aux études sérieuses, appréciait peu l'utilité des connaissances archéologiques. C'est ce qui a déterminé le professeur à combattre des idées fausses et malheureusement trop répandues parmi les gens du monde.

(2) *King's munimenta antiqua*, 4 vol. in-f°., ornés de planches; cet ouvrage ne se trouve dans aucunes des bibliothèques de Paris.

de Londres (1), grâces à M. Spencer Smith qui a bien voulu la mettre à ma disposition pendant quelques mois.

Plusieurs membres de l'académie royale des Inscriptions, parmi lesquels je dois particulièrement citer MM. Raoul Rochette, Daunou, Hase, Dureau de la Malle, Quatremere de Quincy, Petit Radel, Champollion Figeac et Mionnet, ont eu la complaisance de me faire connaître leur opinion sur des points très-difficiles à résoudre dans l'histoire des antiquités nationales.

M. de Gerville, auquel on doit une description complète des monuments du département de la Manche, que j'aurai souvent occasion de citer, m'a communiqué l'ouvrage de Norris Brewer sur les antiquités de l'Angleterre, et plusieurs autres livres précieux.

Mon excellent ami, M. Le Prévost, qui, par la profondeur et la variété de ses connaissances, est devenu le conseil nécessaire de ceux qui se livrent, en Normandie, aux travaux archéologiques, a parcouru les leçons que j'ai préparées et m'a communiqué des notes dont je sens tout le prix.

J'ai aussi de grandes obligations à M. Gail-

(1) 22 vol. in-4°. avec planches.

lard, qui a fait depuis quelques années à Lillebonne des découvertes si importantes et si neuves ; à M. Deville, auteur de plusieurs savants et magnifiques ouvrages sur les monuments de la Haute-Normandie ; à M. H. Langlois, connu par tant de mémoires d'un haut intérêt ; à MM. Féret, de Dieppe ; Galeron, de Falaise ; Lambert et Pluquet, de Bayeux ; P. A. Lair ; de Magneville ; Roger et Gervais, de Caen, qui tous contribuent si activement à nourrir de leurs intéressantes recherches les annales de la société des Antiquaires de Normandie.

Toutes les fois que j'aurai recours aux renseignements des personnes que je viens de citer, je m'empresserai de le déclarer. En cela je rendrai à leurs lumières et à leurs talents d'observation l'hommage qu'ils méritent, et j'aurai l'avantage inappréciable de vous présenter, dans la coopération des savants les plus recommandables et dans l'autorité de leur témoignage, une garantie sans laquelle vous pourriez conserver quelques doutes sur la justesse de mes observations.

CHAPITRE II.

Les édifices dont l'origine remonte à des siècles différents offrent des oppositions plus ou moins sensibles dans leurs caractères, au lieu que l'on trouve toujours identité de types dans les édifices contemporains. — La classification chronologique des antiquités monumentales repose toute entière sur cette observation. — Les monuments nationaux les plus anciens sont les monuments celtiques. — C'est de leur examen que l'on s'occupera d'abord. — Nécessité de faire précéder l'étude de ces monuments par quelques notions générales sur le peuple qui les a élevés.

Quand on n'a pas observé les monuments avec attention, on distingue à peine leurs différents types ; on voit sans voir, si je puis m'exprimer ainsi. Mais dès qu'on a fait seulement une étude superficielle des formes, qu'on a pu comparer un certain nombre d'édifices de différents âges, on est frappé de leur dissemblance ; on reconnaît bientôt que ceux qui ont été élevés à peu près dans le même temps offrent des analogies constantes, et que tous, à quelque temps qu'ils appartiennent, peuvent être rangés dans un certain nombre de classes suivant de grands horizons chronologiques (1).

Vus sur une large échelle, les monuments contemporains présentent bien quelques variations dans leurs accessoires et le goût de leurs ornements, mais les formes caractéristiques sont les mêmes; et si l'on observe dans certaines localités des différences plus considérables, il faut principalement les attribuer à la diversité des obstacles qui ont plus ou moins retardé la marche des inventions humaines.

Ainsi les monuments gaulois présentent partout la même rudesse et la même simplicité; les édifices de construction romaine sont faciles à distinguer de ceux du moyen âge, et ces derniers offrent quatre ou cinq coupes bien tranchées, caractérisées par des oppositions de formes très-faciles à saisir.

---

(1) J'emprunte cette expression à la *langue* de la géologie, et j'appelle *horizons chronologiques* les époques remarquables dans l'histoire de l'art, par des révolutions ou des changements notables dans les formes et le caractère des monuments. Ces événements fournissent en effet des divisions, des points de repos, au moyen desquels nous pouvons reconnaître l'ancienneté relative des monuments et les ranger dans leur ordre chronologique. Ces coupes qui coïncident partout avec les mêmes époques peuvent, ce me semble, être désignées sous la dénomination de degrés ou d'*horizons* chronologiques.

La découverte de ces analogies a servi de point de départ pour essayer une classification chronologique des monuments ; elle a conduit aux résultats qui forment aujourd'hui les éléments de l'histoire de l'art, et au moyen desquels vous pourrez bientôt classer vous-mêmes une suite nombreuse de monuments, depuis ceux qui sortent pour ainsi dire des mains de l'artiste jusqu'à ceux qui se perdent dans le vague d'une antiquité indéterminée.

Dans la série des faits que nous aurons à examiner, nous suivrons toujours l'ordre des temps comme le plus méthodique et le meilleur ; c'est pourquoi nous allons commencer par étudier les monuments les plus anciens, ceux que l'on attribue aux Celtes ou Gaulois ; mais auparavant je crois nécessaire de vous rappeler en peu de mots les principaux traits qui caractérisaient le peuple dont les ouvrages vont nous occuper.

Je me bornerai dans cet aperçu à réunir les notions qui sont indispensables pour étudier les monuments celtiques, et j'en omettrai beaucoup d'importantes ; mais vous n'oublierez pas, Messieurs, que je ne fais point ici un cours d'histoire, mais un cours d'antiquités (1).

(1) Ce tableau des mœurs et coutumes des Gaulois avait été présenté avec développements dans mes leçons orales, je l'ai considérablement abrégé, et réduit à l'indication des faits les plus généraux, parce que l'ouvrage de M. Thierry, sur l'histoire des Gaulois, offre à peu près tous les détails que l'on peut désirer sur cette matière. On peut aussi consulter la préface placée au commencement du premier volume de la collection des historiens de France, par dom Bouquet.

CHAPITRE III.

Insuffisance des documents transmis sur l'histoire de la Gaule par les anciens écrivains. — Des principaux peuples de la Gaule avant la conquête romaine. — Exposé du système de M. Thierry sur leur filiation. — Caractères physiques de la nation gauloise. — Costumes. — Nourriture. — Caractères moraux. — Éducation. — Vie privée. — État des personnes. — Croyances religieuses et superstitions. — Prêtres gaulois ou Druides divisés en plusieurs classes. — Leurs cérémonies. — Leur pouvoir. — Leurs connaissances. — Division de la Gaule en peuplades ou cités. — Importance relative, hiérarchie et gouvernement des cités. — Organisation militaire des gaulois, leurs armes offensives et défensives. — Leur marine. — État de l'agriculture. — Industrie. — Commerce.

La France, renommée par sa fertilité, ses beaux sites, l'industrie et le noble caractère de ses habitants, portait anciennement le nom de Gaule; elle était habitée par des peuples dont l'histoire se perd dans la nuit des temps.

Les Druides, qui formaient la partie la plus instruite de la population, ne connaissaient que la tradition orale; ils n'ont rien écrit, et nous devons aux auteurs grecs et romains tout ce que nous savons de la politique intérieure, des coutumes et de la religion des Gaulois. Les renseignements dont ces grands écrivains ont enrichi la littérature ont sans doute un grand prix pour nous; mais ils sont incomplets, ils laissent ignorer une foule de choses importantes, et il régnera toujours beaucoup d'obscurité sur les premiers temps de notre histoire.

ORIGINE DES PEUPLES DE LA GAULE.

Lorsque César conquit la Gaule, elle était habitée par trois peuples principaux.

Les Belges occupaient le Nord et s'étendaient depuis le Rhin jusqu'à la Marne et la Seine;

Les Celtes possédaient le pays situé entre la Belgique au Nord, la Garonne au Midi, le lac de Constance et le Rhône à l'Est, et l'Océan à l'Ouest.

L'Aquitaine s'étendait entre la Garonne et les Pyrénées.

Le reste de la Gaule, dont une partie a formé la Provence et le Dauphiné, était déjà depuis long-temps soumis à l'Empire romain, et s'appelait, pour cette raison, *la Province romaine*.

César, auquel nous devons les détails précédents nous apprend encore que les trois peuples principaux de la Gaule différaient par leur langage, leurs lois, leurs coutumes (1).

Quoique le général romain et les auteurs qui ont écrit après lui s'expriment en termes trop vagues pour donner la mesure de ces différences, tout porte à croire que ces trois peuples n'avaient pas la même origine; les Belges se rapprochaient des tribus germaniques; les Aquitains avaient beaucoup de rapport avec les habitants de l'Ibérie. La véritable race Gauloise devait conséquemment se trouver vers le centre.

Il règne, du reste, une si grande obscurité sur la filiation des races primitives, que les savants qui en ont fait l'objet de leurs études ne sont pas parvenus à éclaircir entièrement le sujet.

M. Amédée Thierry est un de ceux qui ont examiné la question avec le plus de persévérance, et les résultats qu'il vient de consigner dans son importante Histoire des Gaulois, méritent toute votre attention.

Suivant cet historien, les *Galls* occupaient très-anciennement toute la Gaule; plusieurs

---

(1) Hi omnes linguâ institutis legibus inter se differunt.
(*Cæs. de Bello Gallico. lib.* 1, §. 1.)
Peut-être par le mot *lingua* ne doit-on entendre que des dialectes.

raisons porteraient à croire qu'ils étaient originaires de l'Asie, d'où ils seraient venus peupler l'Occident à une époque trop éloignée pour être jamais connue. C'est à tort, dit M. Thierry, que les Galls ont reçu le nom de Celtes ; cette dénomination ne s'appliquait réellement qu'aux Gaulois de la province Narbonnaise, et l'erreur vient de ce que les Grecs de Marseille, étant entrés en relation avec ces derniers avant de connaître les autres peuples de la Gaule, prirent leur nom pour le nom commun de tous les Gaulois.

Quoi qu'il en soit, cette antique population, celte ou gallique, ne conserva pas l'entière possession de son territoire ; elle fut refoulée à deux époques différentes vers l'Orient et le Midi de la Gaule, tandis que le Nord et le Nord-Ouest furent occupés par les Kimris ou Cimbres qui s'incorporèrent de force à la nation qu'ils avaient soumise.

La première invasion des Cimbres dut avoir lieu vers la fin du VIe siècle, avant l'ère chrétienne, peu de temps après la fondation de la colonie grecque de Marseille ; ces peuples se répandirent dans tout le Nord des Gaules, dans l'Armorique et dans les contrées voisines de l'Océan, à peu près jusqu'à l'embouchure de la Garonne.

Ils durent aussi, vers le même temps, pénétrer en Angleterre, et refouler vers le Nord la population primitive de ce pays, également de race gallique (1).

M. Thierry fixe la deuxième invasion des Cimbres ou Belges au IV⁰ siècle avant l'ère chrétienne. Ces nouveaux peuples s'arrêtèrent à peu près vers la Seine, et le pays qu'ils occupèrent, entre ce fleuve et le Rhin, prit le nom de Belgique (2). Ce furent eux qui, deux siècles plus tard, envahirent la partie méridionale de l'Angleterre.

(1) Dans le chapitre I⁰', de son histoire des Gaulois, M. Thierry expose les motifs qui portent à supposer que le siége principal des hordes Kimriques était primitivement sur les bords de la mer noire, entre le Tanaïs et le Danube ; que de bonne heure une partie de ces hordes s'avança fort loin vers l'ouest de l'Europe, et même jusque sur les frontières septentrionales de la Gaule ; mais que, dans le VII⁰. siècle, avant l'ère chrétienne, des migrations nombreuses causèrent dans la Haute Asie de puissantes résolutions dont le contre-coup se fit sentir jusqu'aux extrémités occidentales de l'Europe. « En effet, dit M. Thierry, les Scytes chassés par
« d'autres nations fugitives elles-mêmes, envahirent les bords du
« Palus-Méotide et du Pont-Euxin et à leur tour chassèrent plus
« avant dans l'occident une grande partie des hordes Kimriques
« dépossédées. Celles-ci remontèrent la vallée du Danube, et
« poussant devant elles leur avant-garde déjà maîtresse du pays,
« la forcèrent à chercher un autre territoire ; ce fut alors qu'une
« horde puissante de Kimris passa le Rhin, etc. » (Hist. des Gaulois, part. 1, p. 36.)

(2) Les Belges ou Cimbres de la deuxième invasion venaient probablement du nord de la Germanie ou des bords de la mer Baltique, où ils s'étaient établis depuis long-temps.

La migration des Aquitains, dont l'origine Ibérienne ne paraît pas douteuse, doit avoir été antérieure à la première invasion des Cimbres ; l'époque en est inconnue.

D'un autre côté, les Ligures, également originaires de l'Ibérie, pénétrèrent en Gaule par les Pyrénées orientales, et vinrent s'établir tout le long de la Méditerranée, à une époque reculée et très-incertaine.

Afin que vous puissiez saisir plus facilement et pour ainsi dire d'un coup d'œil le système de M. Thierry, je vous présente une carte de France sur laquelle j'ai indiqué, au moyen de différentes teintes *(Voyez l'Atlas)*, les races précédentes et l'espace qu'elles durent occuper.

Au centre et au Sud-Est se trouve la population Gallique pure, que j'indique par la couleur bleue.

Au Nord, la population Kimrique pure, ou Belges de la deuxième invasion, indiquée par la nuance jaune.

A l'Ouest, entre la Seine, la Garonne et le pays des Galls, le mélange du bleu et du jaune, couleurs consacrées aux Kimris purs ou Belges et aux Galls, indique les Cimbres de la première invasion qui s'étaient en quelque sorte fondus avec une partie de la nation Gallique, et pouvaient être considérés comme des Gallo-Kimris.

Le rose est consacré aux peuples de l'Aquitaine.

Enfin la même couleur, mélangée avec celle des Galls indique en même-temps l'espace occupé par les Ligures, leur affinité avec les Aquitains, et leur combinaison avec les Galls-Méridionaux.

M. Thierry ne se borne pas à faire connaître les révolutions de l'ancienne population gauloise ; il essaie de les rattacher à celles qui ont agité les autres parties de l'Europe à peu près dans le même temps ; il nous montre des peuples considérables déplacés par des causes peu connues, et forcés de se répandre dans de vastes contrées où leur invasion produisit des réactions plus ou moins violentes.

Ce débordement de populations presque sauvages, encore peu adonnées à l'agriculture, en partie nomades, et dont les richesses consistaient principalement en troupeaux, est un des problèmes les plus curieux à résoudre pour la philosophie de l'histoire : nous verrons le même phénomène se reproduire pendant une longue suite de siècles et ne cesser entièrement qu'assez tard, après que les nations du Nord auront participé à la civilisation du Midi.

Je ne pouvais, Messieurs, passer sous silence le système de M. Amédée Thierry, fruit de recherches longues et consciencieuses, basé d'ailleurs sur d'heureux rapprochements, sur un grand nombre d'indications tirées d'autorités respectables, et sur des faits dont l'authenticité n'est pas contestée. Cependant je ne dois pas non plus vous laisser ignorer que ce système n'est pas généralement admis dans toutes ses parties. Beaucoup de personnes ne reconnaissent pas la distinction établie entre les Galls ou Celtes et les Cimbres de la première invasion (1). D'autres ne sont pas convaincus que le nom de *Galls* doive être substitué à celui de Celtes.

Je regrette, Messieurs, de ne pouvoir vous présenter l'exposé des motifs qui ont déterminé la conviction du savant auteur de l'histoire des Gaulois; mais ils sont trop nombreux pour être tous rapportés ici, et ils s'enchaînent tellement les uns aux autres que je craindrais d'en atténuer la force en les isolant. C'est donc dans l'ouvrage de M. Thierry, dont je vous recommande la lecture, que vous devez les méditer, afin d'en peser la valeur.

(1) Cette distinction n'a pas été faite en Angleterre ainsi que nous le prouve la carte placée dans l'ouvrage de Norris Brewer.

Quoi qu'il en soit, Messieurs, l'histoire de ces premiers temps présente tant de vague et d'incertitude, que les faits ne peuvent toujours être rigoureusement prouvés. Souvent il est sage de rester dans le doute et de suspendre son jugement.

Il faut savoir s'arrêter là où manquent les documents positifs, et toujours craindre de se laisser entraîner dans le domaine des hypothèses par une indiscrète curiosité.

DE LA POPULATION GAULOISE.

Les généralités très-incomplètes que je vais vous présenter sur la population gauloise, ses mœurs et ses coutumes, s'appliqueront particulièrement à une époque unique, antérieure d'un siècle environ à la conquête romaine ; elles conviendront aussi plus particulièrement aux habitants de la Celtique et de la Belgique, qu'aux peuples de la Gaule méridionale, chez lesquels le caractère national était peut-être moins fortement empreint que chez les peuples du Nord et de la partie centrale.

Caractères physiques. Les Gaulois étaient généralement d'une haute stature, ainsi que nous l'attestent Tite-Live, Polybe, Diodore, et les autres historiens. Ils avaient le teint d'une blancheur remarquable, les yeux vifs et le plus souvent bleus, les cheveux blonds ou roux(1). Cette couleur leur plaisait beaucoup au lieu de leur paraître désagréable (2), et ils s'attachaient à la rendre plus intense au moyen d'une espèce de lessive de chaux (3). Le peuple laissait croître sa barbe, les nobles ne conservaient que de longues moustaches.

Costume. L'usage des pantalons était général en Gaule; on les portait larges et flottants chez les Belges, et plus serrés dans la Celtique et l'Aquitaine (4). Le reste de l'habillement gaulois consistait d'abord dans une chemise à manches, qui descendait jusque sur les cuisses chez les hommes, et plus bas chez les femmes; secondement dans le *sagum*, espèce de casaque qui ressemblait aux blouses des habitans de nos campagnes. Ces vêtements, quelquefois en fourrures, étaient ordinairement d'une étoffe

(1) Selon Claudien les gaulois portaient les cheveux longs, et par la longueur on jugeait des rangs.

(*Note de M. Gaillard.*)

(2) Les dames romaines partagèrent pendant quelque temps le goût des gaulois ; car elles firent venir du Nord des tours de cheveux rouges.

(3) Diodore de Sicile, liv. v.

(4) Strabon, liv. iv. Les paysans normands appellent leurs pantalons des bragues, ce qui rappelle le nom latin de ce vêtement, *bracca*.

grossière en laines teintes de différentes couleurs, tissées et mélangées de manière à produire des raies en forme d'échiquier ou des disques et autres figures. Les Antiquaires anglais supposent que les étoffes fabriquées par les Brétons étaient de la même nature, et qu'elles avaient quelque ressemblance, par la distribution de leurs couleurs, avec celles qu'on porte encore dans certaines parties de l'Ecosse, et qu'on y connaît sous le nom de *torten plaid*(1). Le *sagum* s'agraffait au cou ; il était brodé d'or et d'argent chez les riches.

Les pauvres substituaient quelquefois au sagum un morceau d'étoffe grossière ou une peau d'animal.

Les deux sexes aimaient également la parure et portaient des colliers, des bracelets, des anneaux et autres ornements ; les femmes, qui étaient généralement belles, se frottaient le visage avec de l'écume de bière, et se baignaient pour entretenir la fraîcheur de leur teint.

Nourriture. La nourriture des Gaulois consistait en fruits, en miel, en pain, en lait, en

---

(1) Norris Brewer, introduction to the beauties of England and Wales.

viandes de plusieurs espèces, et surtout en porc frais et salé, en bœuf, etc. Ceux qui demeuraient près de la mer faisaient aussi une grande consommation de poisson, de moules, d'huîtres et de quelques autres coquillages. La boisson ordinaire était la bière et l'hydromèle.

Les Gaulois joignaient à une imagination vive, beaucoup d'aptitude pour l'étude. Témoin la promptitude avec laquelle les écoles se formèrent dans la Gaule après la conquête des Romains, et le grand nombre de Gaulois qui se distinguèrent à Rome dans les sciences et dans les lettres.

Ils étaient curieux et avides de nouvelles. Ils questionnaient avec avidité les étrangers sur les pays qu'ils avaient parcourus (1). Ils exerçaient généreusement l'hospitalité.

Ils étaient courageux et braves jusqu'à la témérité, mais aussi querelleurs et vindicatifs.

Il s'élevait souvent entre eux des contestations qui se réglaient d'après le petit nombre de coutumes qui faisaient loi dans le pays, quelquefois par les armes. La plupart des historiens accusent encore les Gaulois de cruauté, et rapportent qu'ils tranchaient les têtes de leurs ennemis pour les suspendre à la porte de

(1) Ces. de Bello gallico, lib. IV., cap. v.

leurs maisons; quelquefois même ces têtes, garnies d'or et d'argent, étaient conservées précieusement comme des trophées de famille (1); mais ces restes de la barbarie primitive étaient déjà effacés au temps de la conquête.

Education et vie privée. L'éducation de la jeunesse était sévère et propre à favoriser le développement des forces; les fils ne se montraient en public avec leurs pères qu'à l'âge de 18 ans (2); on se mariait tard; les jeunes filles nubiles avaient la liberté de choisir leurs maris. Chacun des époux apportait une part égale dans la communauté, et le tout demeurait au survivant, ainsi que les produits de la collaboration commune.

L'autorité maritale et l'autorité paternelle étaient absolues, et comme chez tous les peuples barbares les femmes étaient assujetties aux travaux du ménage et de l'agriculture.

Les Gaulois prenaient leurs repas sur des tables très-basses, assis sur des bottes de foin. Le rang des convives déterminait l'ordre des places; les viandes rôties, bouillies ou grillées étaient servies dans des plats de terre, de bois

(1) Strabon, lib. iv.—Diod. de sici., lib. v.
(2) Cesar de bello gallic., lib. iv.

ou de métal, suivant la richesse des personnes (1). Après les grands repas on se provoquait assez souvent à des duels ou luttes simulées ; ces combats qui n'étaient d'abord qu'un jeu devenaient quelquefois tellement sérieux qu'on était obligé de séparer les adversaires, afin d'éviter la mort de l'un d'eux (2).

Etat des personnes. Il y avait en Gaule deux classes honorées et puissantes : les prêtres ou druides qui recrutaient leur ordre dans tous les rangs de la société, et les chevaliers ou nobles (3).

Le peuple avait peu d'influence et suivait l'impression qu'il recevait des deux corps précédents, particulièrement de la noblesse. En effet, la plupart des hommes du peuple étaient cliens des gens riches, s'obligeant à cultiver et à combattre sous leurs ordres, afin d'en être protégés. Ainsi l'organisation sociale de la Gaule présentait déjà des rapports assez frappants avec celle qui fut en vigueur au temps de la féodalité.

---

(1) Possidonius apud Athen., lib. iv.
(2) Possidonius, ibid.
(3) In Galliâ duo sunt genera hominum, nam plebs penè servorum habetur; de his druidum, alterum equitum. Pline, lib. xxx.

Parmi les nobles il y en avait un petit nombre plus influents et plus riches que les autres, que César désigne sous le nom de *Principes*. Tel était Dumnorix que l'on voyait toujours suivi d'une cavalerie nombreuse entretenue à ses frais, et qui ressemblait en quelque sorte à un magnat polonais accompagné de ses gentilshommes. Tel était encore Orgetorix qui comptait une multitude de personnes dans sa maison, outre ses nombreux clients et débiteurs (1). Cette haute aristocratie exerçait

---

(1) Cesar, de Bello gallico, lib. iv, cap. xii.

D'abord on a de la peine à comprendre comment la haute noblesse possédait des biens assez considérables pour subvenir aux dépenses qu'un pareil attirail devait nécessairement entraîner ; mais si l'on réfléchit que les dissentions civiles et les invasions extérieures portaient les faibles à se dévouer aux forts pour en être soutenus ; qu'outre cette clientelle souvent extrêmement nombreuse, la guerre procurait des prisonniers qui devenaient la propriété des chefs, on comprendra comment avec un pareil entourage ces *premiers gaulois*, pour nous servir de l'expression de César, purent faire cultiver de vastes domaines qui devinrent pour eux la source d'immenses richesses.

Cette agriculture, née au profit de quelques-uns, sans détruire les pacages communs, fit surgir du sein de l'égalité première, une oligarchie puissante et illégale, dès lors combattue par les sénats.

Les riches, dont la table était splendide et la suite nombreuse, avaient en main une puissance qui devait à chaque instant maîtriser les autres ressorts de la machine politique, et cette comla plus grande influence sur l'esprit public et sur la décision des affaires.

Croyances religieuses. On a très-peu de notions sur les principes fondamentaux de la religion des Gaulois ; cependant il est certain qu'ils croyaient à l'immortalité de l'ame. Toutes les cérémonies qu'on observait aux funérailles étaient fondées sur cette croyance; ainsi l'on brûlait avec le défunt ses armes, ses bijoux, son cheval et les autres animaux qu'il avait affectionnés pendant sa vie, afin qu'il les retrouvât dans l'autre monde.

Les Gaulois croyaient aussi à la métempsycose; ils étaient persuadés que l'ame des méchants passait dans le corps des animaux.

On a remarqué que les principaux dogmes druidiques appartenaient aux religions de l'Orient (1).

D'un autre côté, les Gaulois honoraient des dieux qui avaient les mêmes attributs que les divinités grecques et romaines. *Tarann* était le dieu du ciel et du tonnerre, comme Jupiter; *Belenus* représentait Apollon, et *Hesus* le dieu

---

binaison sociale qu'on n'a pas toujours bien saisie, explique facilement les principaux événemens que César raconte dans ses commentaires. (*Note de M. Emmanuel Gaillard.*)

(1) Reynier, économie publique et rurale des Celtes.

de la guerre ; *Teutatès*, inventeur des routes, protecteur du commerce et de l'industrie, comme Mercure, était particulièrement vénéré dans toute la Gaule.

La religion des Gaulois présentait donc deux systèmes différents, observation qui n'a pas échappé à ceux qui l'ont étudiée avec attention.

Mais presque tous ont pensé que les relations commerciales qui existaient avec Marseille et l'Italie avaient causé l'introduction du polythéisme dans la religion druidique, et l'adoption des croyances romaines plus ou moins modifiées.

M. Thierry émet une opinion toute contraire : il établit que la religion druidique a été apportée en Gaule par les Kimris qui avaient dû faire un séjour assez long en Asie ou sur les frontières de l'Asie et de l'Europe, et il explique de cette manière le rapport qui existe entre les doctrines fondamentales du druidisme et celles des religions secrètes de l'Orient. Il croit en outre que le polythéisme était la religion des Galls, ou premiers habitants de la Gaule, qui pouvaient l'avoir reçue en partie des Phéniciens à une époque très-reculée. Enfin, selon lui, la religion des Galls était d'abord toute sensible, consistant dans l'adoration des phénomènes naturels ; mais par la suite ces idées matérielles avaient fait place à l'idée abstraite de divinités, réglant, selon leur volonté, les phénomènes auxquels on avait commencé par rendre hommage (1).

Quoiqu'il en soit, Messieurs, de ces opinions, qui malheureusement ne reposent guère que sur des probabilités, il est certain que l'adoration immédiate des objets naturels cessa fort tard, et que même après l'introduction du christianisme, on avait encore en Gaule un grand respect pour les ruisseaux, les fontaines, les rochers, et en général pour tous les phénomènes de la nature.

Superstitions. Les Gaulois étaient très-superstitieux ; ils croyaient aux présages, aux jours heureux ou funestes, aux paroles magiques, aux amulettes (2). Tous les prestiges et les sortilèges agissaient puissamment sur leur imagination ;

---

(1) Histoire des Gaulois, t. 11., p. 76 et suiv.

(2) La plus célèbre de toutes les amulettes était l'œuf de serpent, l'*ovum anguinem*, ainsi nommé, suivant Pline (liv. 29, chap. 3), parce qu'on le croyait formé de l'écume qui sortait de la peau des serpents et de leur salive. Fréret et plusieurs autres savants pensent que ce prétendu œuf de serpent n'était autre chose que l'oursin fossile, pétrification fort commune dans certaines couches des terrains secondaires, et cette opinion paraît très-probable. Il est bon de rappeler à ce sujet, que les ammonites, autres fossiles des mêmes terrains, ont été pendant fort long-temps regardées comme des serpents pétrifiés.

ils avaient des jours spécialement consacrés à la dévotion, tels que le sixième jour de la lune qui était le premier du mois, et plusieurs fêtes annuelles qu'ils observaient solennellement.

Ils s'imaginaient que la vie d'un homme ne pouvait être rachetée que par celle d'un autre homme; c'est pourquoi, lorsque les personnes riches étaient atteintes de maladies graves, elles faisaient vœu d'immoler des victimes humaines; on réclamait quelquefois le ministère des Druides pour ces sacrifices particuliers; d'autres fois on enfermait les victimes dans une grande statue d'osier, à laquelle on mettait le feu (1).

Prêtres gaulois. Les prêtres étaient partagés en trois classes; les *Druides*, qui étaient les plus instruits, les plus puissants, les plus nombreux et les chefs de la religion; les *Vates*, qui figuraient dans les sacrifices, qui prétendaient connaître l'avenir, et qui exerçaient la médecine; les *Bardes*, qui chantaient leurs vers à la guerre et dans les cérémonies, en s'accompagnant avec la rotte, et qui étaient en même-temps les poètes et les historiens de la nation.

Quelques femmes participaient aussi aux hon-

(1) Cesar, de Bello gallico, l. VI, c. XVI.

neurs du sacerdoce et jouissaient même d'une grande autorité, quoique sous la dépendance des Druides. Les plus fameuses Druidesses étaient celles de l'île de Sayne, à l'extrémité occidentale de l'Armorique, auxquelles on attribuait un pouvoir surnaturel, et celles qui habitaient une petite île à l'embouchure de la Loire. Il y en avait aussi dans l'île d'Anglezey, qui se montrèrent dans les rangs de l'armée brétonne, en portant des flambeaux et faisant des imprécations, lorsque les Romains envahirent cette île sous la conduite de Suetonius (1).

Les Druides, ainsi que nous l'apprend César dans le sixième livre de ses Commentaires, étaient un des ordres de la noblesse; ils présidaient aux sacrifices publics et particuliers, interprétaient les dogmes, jugeaient presque tous les différents, et punissaient les crimes. Si quelqu'un refusait de se soumettre à leurs jugements, ils lui interdisaient les sacrifices, c'était la peine la plus grave qu'ils pussent infliger; on regardait celui qui l'avait encourue comme un pestiféré, il ne pouvait plus invoquer la justice, et chacun fuyait son approche.

(1) Norris Brewer, introduction to the Beauties of England and Wales.

Les Druides avaient un chef, il était remplacé à sa mort par celui qui était le plus élevé en dignité ; si plusieurs étaient égaux, ce chef était élu par les Druides, quelquefois le sort des armes décidait l'élection.

Il est probable que les Druides vivaient en commun dans les différentes contrées où ils exerçaient leur autorité, et que pour la plupart ils gardaient le célibat, quoique le mariage ne leur fût pas interdit.

Ils ne faisaient pas la guerre, et n'étaient assujettis à aucunes charges. Ces avantages leur attiraient beaucoup d'adeptes. On croyait du temps de César que la doctrine druidique avait pris naissance en Brétagne (Angleterre), et ceux qui voulaient la connaître à fond allaient l'y étudier.

Les Druides se réunissaient en grand nombre à une certaine époque de l'année, dans un bois sacré placé sur le territoire des Carnutes (les habitants de Chartres), qu'on regardait comme le centre de la Gaule ; là, ceux qui avaient des procès venaient les leur soumettre et suivaient leurs décisions (1).

(1) Certo anni tempore in finibus Carnutum, quæ regio totius galliæ media habetur, considunt in loco consecrato : hic omnes undique qui controversias habent conveniunt. Ces. de Bello gall. liv. vi.

Ils trouvaient inconvenant d'adorer Dieu dans des murailles; aussi l'invoquaient-ils toujours à découvert sous la voûte du ciel, et leurs temples (si l'on peut appeler ainsi les monuments religieux qu'ils ont élevés) ne consistaient que dans des enceintes formées au moyen de pierres et de fossés. Pour augmenter l'effet et la solennité de la scène, on arrivait ordinairement à l'autel par un bois sombre et mystérieux de chênes qui entourait le lieu du sacrifice. Ces arbres majestueux furent même regardés comme un attribut de la divinité. Le Druide qui faisait quelque cérémonie avait la tête ceinte d'une couronne de feuilles de chêne, le gui qui croissait sur cet arbre sacré était regardé comme un remède sûr contre le poison, les maladies et la stérilité ; on le cueillait avec une grande pompe. Pline nous appprend que dans cette cérémonie un Druide, vêtu de blanc, montait sur l'arbre qui portait le gui sacré, le coupait avec une faucille d'or, et qu'il était reçu sur une nappe blanche ; on le distribuait ensuite aux personnes présentes, et un sacrifice terminait la cérémonie.

La verveine, le pastel, la sélage, la samole, etc., se cueillaient avec moins de pompe que le gui de chêne, mais avec des cérémonies mystérieuses et à des époques marquées; le peuple les recevait des mains des Druides comme un préservatif contre les maladies et contre les caprices du sort.

Les animaux immolés dans les cérémonies religieuses étaient quelquefois entièrement consumés par le feu sur l'autel ; mais plus souvent une portion seulement servait à l'oblation, et le reste était partagé entre les prêtres et les personnes présentes. Il est certain que les Druides faisaient aussi des sacrifices humains, qu'ils choisissaient de préférence pour victimes les hommes qui avaient forfait aux lois, mais qu'à leur défaut ils prenaient des innocents et des hommes obscurs.

Indépendamment de leurs fonctions religieuses, les Druides étaient chargés exclusivement de l'éducation ; leurs écoles formaient en Gaule une sorte d'université. Le soin qu'ils ont eu de prohiber l'Ecriture, nous met dans l'impossibilité de découvrir quelle était l'étendue de leurs connaissances; cependant les auteurs romains nous attestent leur science en astronomie et en histoire naturelle. Ils rapportent que, pour confier à leur mémoire tout ce qu'ils devaient savoir, les Druides étudiaient pendant vingt années.

Divisions politiques. Il est très-difficile de se faire une idée exacte des institutions civiles et militaires des Gaulois.

La Belgique, la Celtique et l'Aquitaine comprenaient un grand nombre de peuplades assez souvent séparées les unes des autres par des limites naturelles telles que les rivières et les inégalités du sol, et dont chacune constituait une cité ou un petit état distinct. Ainsi pour prendre des exemples rapprochés de nous, le pays des *Lexoviens* était borné en partie par la Seine, la Rille et l'Orne ; celui des *Bajocasses* était compris entre l'Orne et la Vire ; les *Aulerci Eburovices* habitaient entre la Rille et l'Eure, les *Caletes* entre la Seine et la Somme, etc. Selon l'étendue de leur territoire les cités se composaient d'un nombre plus ou moins considérable de cantons (*pagi*) qui avaient peut-être leur juridiction particulière. Au moins paraît-il que les habitants de ces cantons n'agissaient pas toujours de concert ; car nous voyons dans le troisième livre des Commentaires de César que la plupart des *pagi* de la cité des Morins lui envoyèrent des députés, tandis que les autres n'en envoyèrent point (1).

(1) Ces. de Bello gallic., liv. iv, chap. xxv.

Importance relative et hiérarchie des cités.
Les peuplades ou cités étaient le plus souvent indépendantes les unes des autres et divisées d'intérêts. Cependant les plus importantes, celles qui avaient le plus d'influence, cherchaient à exercer une sorte de suprématie, soit en s'attachant les peuplades voisines par des traités et par des promesses de protection, soit même en les réduisant par les armes. Le goût de la domination ne régnait pas seulement dans les cités du premier ordre, on le trouvait encore chez les peuples d'un ordre inférieur.

Les cités se réunissaient aussi quelquefois d'un commun accord et formaient des confédérations, afin d'opposer à leurs ennemis des forces plus redoutables. Mais en général ces alliances duraient peu et cessaient avec la cause qui les avait provoquées, de sorte qu'elles ne pouvaient produire ni centre permanent, ni unité de gouvernement pour les peuples confédérés.

Si l'on voulait classer les cités gauloises d'après leur importance politique, on pourrait les ranger dans trois ordres différents : d'abord les cités qui exerçaient leur suprématie sur plusieurs cités voisines ; *les cités clientes* qui se mettaient sous la protection d'une cité plus puissante, mais qui changeaient leurs relations politiques suivant les circonstances ; et enfin les cités sujettes qui avaient été vaincues par des cités plus puissantes auxquelles elles payaient tribut, et dont elles étaient forcées de suivre la fortune.

Administration. Dans l'origine les cités étaient gouvernées par les Druides et par des chefs que l'on a comparés, vraisemblablement avec raison, aux chefs de clans de l'Ecosse. Mais plus tard elles eurent presque toutes des sénats choisis parmi les notables et les prêtres, dont César parle à plusieurs reprises dans ses Commentaires, et un magistrat supérieur nommé *vergobret*, qui était électif et ne restait qu'une année en fonction. Mais, quoique investis de pouvoirs très-étendus, les sénats étaient fréquemment dominés par l'ascendant que les hommes puissants de la cité exerçaient sur la nation, et forcés de céder à leur influence. La résistance leur devint même parfois funeste ; témoins les magistrats des *Lexovii* et des *Aulerci Eburovices*, qui furent mis à mort pour s'être opposés à la guerre entreprise contre les Romains par la confédération des Armoriques (1).

---

(1) Ces. de Bello gallic., liv.

Les cités étaient donc livrées à une sorte d'anarchie aristocratique plutôt qu'à un gouvernement régulier. Tous ceux qui parvenaient à se former une clientelle se mettaient à la tête de factions, et M. Reynier a peint, ce me semble, avec beaucoup de vérité l'état politique de la Gaule, dans le passage suivant de son ouvrage sur l'économie politique et rurale des Celtes.

L'anarchie des Celtes, dit-il, était la source de dissensions toujours renaissantes, parce qu'elles résultaient des vices mêmes du système. Dans cet état de choses, les talents ou les richesses, quelquefois l'audace seule du caractère, imposaient momentanément aux esprits, et acquéraient une influence refusée au mérite plus réel. Les résolutions dans les assemblées étaient rarement le résultat d'une sage discussion des intérêts de la patrie. Les choix n'étaient pas de ces élections libres qui accordent les places par l'effet de la confiance. Là les electeurs étaient des rivaux; les passions ou la violence déterminaient les choix. L'élection terminée, il n'existait entre ceux qui avaient été choisis et ceux qui devaient leur être soumis qu'une dépendance apparente, mais nulle dans ses effets, parce que chacun tendait à saper le pouvoir qui devait peser sur lui et à développer le sien propre, afin de préparer son élévation future. Ces actions et ces résistances consommaient inutilement les forces de la nation, avant qu'elles pussent être appliquées à l'utilité commune. Il en résultait que la violence tenait lieu de lois, que la puissance de ceux qui luttaient, et l'adresse ou le crédit de ceux qui cherchaient à lutter, tendaient également à paralyser le gouvernement.

Assemblées politiques. Lorsqu'on avait à discuter des affaires qui intéressaient un nombre plus ou moins considérable de peuplades, on convoquait une assemblée générale où les cités intéressées envoyaient des commissaires.

Mais dans les circonstances plus graves, si l'ennemi menaçait le pays, ou s'il s'agissait de venger l'honneur national, on tenait d'autres assemblées appelées *Conseils armés*, où tous les hommes, depuis les jeunes-gens de vingt ans jusqu'aux vieillards, devaient se rendre en armes pour aviser aux moyens de défense ou d'attaque, et pour élire un chef militaire. Les châtiments les plus sévères étaient réservés à ceux qui osaient manquer à cette assemblée générale, et celui qui arrivait le dernier au lieu désigné pour la réunion était massacré en présence des assistans (1).

Chacun avait la liberté d'émettre son opinion ; on l'écoutait sans l'interrompre, et l'on attendait qu'il eût cessé de parler pour donner des marques bruyantes d'approbation ou de dissentiment. Strabon rapporte que si quelqu'un troublait l'ordre par ses interruptions, un hérault d'armes coupait un pan de son habit, de manière à rendre le reste du vêtement inutile.

Organisation militaire. Lorsque le besoin l'exigeait, les armées gauloises étaient composées de tous les hommes en état de porter les armes, depuis l'âge de vingt ans, comme nous venons de le dire en parlant des conseils armés. C'est au moyen de ces levées en masse que les cités ont pu dans certaines circonstances mettre sur pied un si grand nombre de soldats. Mais lorsque le danger était moins pressant, les peuples coalisés ne fournissaient que des corps d'élite.

Les troupes marchaient sous les ordres des nobles ; l'armée entière obéissait à celui auquel le commandement avait été dévolu.

(1) Ces. de bello; Gallic., lib. v, cap. LXVI.

Pour armes offensives, les Gaulois avaient une épée longue, large et sans pointe, suspendue au côté droit; une espèce de hallebarde dont le fer était très-long et muni vers sa base d'un crochet propre à déchirer les chairs; la hache, le gais, le matras (1), le javelot, la fronde, l'arc et les flèches.

Pour armes défensives, quelques-uns portaient la cotte de mailles métalliques, que l'on croit d'invention gauloise, le casque, la cuirasse en métal battu, etc.; mais cet usage n'était pas encore général à l'époque de la conquête, et se rencontrait plus particulièrement chez les personnes riches, au lieu que tout le monde se servait du bouclier allongé, étroit et rectangulaire, quelquefois orné de diverses couleurs ou de figures relevées en bosse.

Les Gaulois étaient généralement bons soldats; cependant ils se battaient mieux à cheval qu'à pied (2): leur cavalerie était supérieure à celle des Romains, mais elle n'était pas aussi nombreuse qu'on pourrait le supposer (3). Celle

(1) Le matras était une espèce de pique; et le gais un épieu durci au feu.
(2) Strabon, lib. iv.
(3) Le pays de Trèves était renommé pour la cavalerie : « Hæc civitas longè plurimum totius galliæ equitatu valet, magnasque habet copias peditum. » De bell. Gall., lib. v, cap. iii.

que Vercingetorix rassembla de toutes les cités dans une circonstance où elles durent faire de grands efforts pour la cause de l'indépendance, ne montait qu'à 15,000 hommes (1), et il paraît qu'ordinairement la Gaule ne fournissait pas un pareil nombre de cavaliers, car lors de la deuxième expédition de Brétagne, César emmena la majeure partie de la cavalerie gauloise, comme il le dit lui-même (2), et ce corps n'était que de 4,000 hommes.

Les Gaulois avaient aussi des chars armés de faux tranchantes, montés par des guerriers d'élite qui dirigeaient habilement leurs chevaux, et profitaient de leur impétuosité pour enfoncer les rangs des ennemis.

Les Gaulois joignaient des cris de guerre effrayants aux sons d'une musique rauque et barbare (3); ils marchaient à l'ennemi en rangs serrés, et lançaient en même-temps contre lui leur cavalerie et leurs chariots; mais ils ne connaissaient pas la tactique militaire, ce qui atténuait considérablement leurs forces. Lorsqu'ils obtinrent quelques avantages sur les armées romaines, ils les durent principalement à l'im-

---

(1) Ces. de bello Gallico., lib. vii, cap. 64.
(2) Ibid., lib. v, cap. 5.
(3) Polybe, lib. ii.

pétuosité de leur premier choc.

Marine. Les peuples qui habitaient les côtes de l'Armorique, particulièrement les Venêtes (peuples de Vannes dans le Morbihan), étaient habiles navigateurs ; ils possédaient un assez grand nombre de vaisseaux, au moyen desquels ils commerçaient avec la Brétagne et qui leur servirent pour livrer aux Romains un combat naval dont César a conservé le souvenir dans le troisième livre de ses Commentaires (1). Ces vaisseaux, construits grossièrement, mais avec beaucoup de solidité, étaient plus hauts de bords que ceux des Romains ; les voiles étaient faites de peaux d'animaux, et les ancres étaient retenues par des chaînes de fer. Les Gaulois avaient en outre sur les principaux fleuves un grand nombre de bateaux plats pour le transport des marchandises.

Agriculture. Les Commentaires de César suffiraient pour prouver l'état prospère de l'agriculture chez les Gaulois, puisque ce général trouva partout d'abondantes subsistances pour son armée ; mais Pline et Strabon donnent des détails très-circonstanciés qui ne laissent aucun doute à cet égard, et qui nous montrent dans

---

(1) César, lib. III, § 8.

les procédés agricoles suivis en Gaule, un avancement bien propre à exciter notre étonnement.

En effet, on y connaissait déjà les pratiques qui sont encore en usage de nos jours ; le fumier et la cendre étaient employés pour l'engrais des terres (1). Dans quelques contrées on se servait aussi de plusieurs espèces de marnes que l'on savait approprier à la nature du terrain avec lequel on les combinait, et aux productions dont elles devaient hâter l'accroissement (2). On employait aussi la chaux comme amendement, principalement chez les Eduens et les Poitevins (3).

Les Gaulois cultivaient le bled, le seigle, l'orge, l'avoine, le milet, le lin, le pavot, les navets, etc., quelques fourrages artificiels et plusieurs plantes tinctoriales. Ils avaient déjà fait un certain nombre d'observations sur la rotation des cultures (4); enfin ils avaient perfectionné les instruments aratoires, adapté des roues à la charrue, inventé la herse et le crible en crin (5).

La culture de la vigne était restreinte aux

(1) Plinii historia naturalis, lib. xvii.
(2) Ibid.
(3) Ibid.
(4) Reynier, économie publique et rurale des Celtes, p. 416.
(5) Plinii, Hist. nat., lib. xviii.

contrées méridionales où sans doute elle avait été introduite par les Grecs de Marseille (1). Mais plusieurs autres espèces d'arbres fruitiers avaient été propagées par toute la Gaule, et l'on se nourrissait principalement de chataignes dans les montagnes de l'Auvergne.

L'habitant des plaines était particulièrement adonné à la culture des céréales, tandis que les terrains montueux et boisés, les vallées et les contrées que la charrue n'avait point encore sillonnées, abondaient en pacages et en prairies, qui nourrissaient de nombreux troupeaux.

La Gaule en était si riche qu'au dire de Strabon elle fournissait une quantité considérable d'étoffes en laine et de viandes salées à l'Italie et à la ville de Rome (2). Le bétail consistait en bœufs, en vaches, en chevaux, en chèvres, en moutons et en porcs ; ces derniers animaux étaient infiniment plus multipliés que les autres ; on les voyait par troupes dans les campagnes. Strabon parle de leur agilité et du danger que l'on cou-

---

(1) Pline rapporte que les Gaulois employaient différents moyens pour hâter la maturité du raisin, tels que de l'asperger de poussière et de tordre la queue des grappes.

(2) Tam copiosi autem sunt gallis pecudum et suum greges ut sagiorum et falsamentorum copiam non Romæ tantum suppeditent, sed et plerisque Italiæ partibus (Strab. lib. iv.).

rait à les aborder sans précaution, vu qu'ils étaient presque sauvages (1). Cependant ils obéissaient à la voix de leurs gardiens qui se servaient de chiens pour les rassembler et les conduire.

Cet usage observé chez les Celtes de mener des troupeaux de porcs dans les bois, où ils trouvaient pour se nourrir le gland, les faînes et plusieurs espèces de racines, a subsisté jusqu'à une époque assez rapprochée de nous. Le droit de parcours dans les forêts, accordé si souvent à nos abbayes, et qui faisait une partie de leurs richesses, se trouve presque toujours stipulé dans les chartes : *pour la nourriture des porcs*. La chair de cet animal était un des aliments les plus ordinaires en Europe pendant les siècles du moyen âge (2), et le soin qu'on donnait à l'éducation de ce genre de bétail était proportionné à l'utilité qu'on en retirait alors.

Industrie. Les Gaulois avaient inventé le savon ; ils en fabriquaient de plusieurs es-

(1) Sues etiam in agris pernoctant, altitudine, robore et celeritate præstantes ; à quibus si quis non adsuevit accedenti non minus quàm à lupo est periculi (Strab. lib. iv.).

(2) L'usage presque exclusif de la chair du porc existe encore dans quelques cantons de notre bocage Normand, en Brétagne et dans plusieurs autres contrées de la France.

pèces (1). Ils savaient faire des boissons fermentées et des fromages ; chez eux le tissage des toiles de lin et des étoffes de laine était porté à une assez grande perfection (2). Ils n'ignoraient pas non plus l'art d'appliquer des couleurs sur les tissus (3); ils teignaient en bleu avec le pastel, en violet avec l'hiacinthe, en rouge avec le *vaccinium* (4).

Non seulement ils avaient des chars pour la guerre ; mais ils se servaient aussi de chariots à quatre roues pour leurs voyages et pour le transport de leurs denrées et de leurs marchandises ; on croit que ces roues étaient faites à peu près comme les nôtres. Les Gaulois fabriquaient aussi des tonneaux en bois pour contenir les liquides.

Mais un des traits les plus remarquables de leur industrie c'est l'habileté qu'ils avaient acquise, au témoignage de Pline, dans l'art de travailler les métaux. Long-temps avant la conquête des Romains, ils avaient appris à exploiter les mines, et nous verrons bientôt, en exa-

(1) Pline, lib. xxviii.
(2) Ibid., lib. viii, cap. xlviii.
(3) Ibid., lib. viii.
(4) Pline, lib. xxii. On croit que le *vaccinium* de Pline est le *vaccinium myrtillus* L., cependant la teinture que l'on a essayé d'en tirer s'est trouvée peu solide.

minant quelques-uns de leurs ouvrages, qu'ils savaient donner au cuivre une dureté presque égale à celle du fer.

Le procédé de l'étamage fut découvert par les habitants de Bourges qui appliquèrent l'étain sur le cuivre, de manière à donner à ce métal l'apparence de l'argent. Les habitants d'Alise excellaient dans l'art du placage, ils incrustaient l'argent sur le cuivre, et rehaussaient par ce genre d'ornement l'éclat des chars et l'enharnachement des chevaux (1).

Commerce. Indépendamment des échanges ordinaires dont le mouvement existe dans toute société sortie de l'enfance, les Gaulois entretenaient des relations commerciales avec plusieurs peuples ; ils en avaient avec l'Angleterre et avec l'Italie, et servaient d'intermédiaires aux nations du Nord et à celles du Midi de l'Europe, depuis la ruine des Phéniciens et des Carthaginois. Les cours d'eau navigables ouvraient, dans l'intérieur du pays, des communications auxquelles on attachait

---

(1) Pline, lib. xxxiv. Stannum album incoquitur æreis operibus, Galliarum invento, ita ut vix discerni possit ab argento, eaque incoctilia vocant. Deindè et argentum incoquere simili modo cœpere equorum maximè ornamentis, jumentorum jugis, in Alexia oppido: reliqua gloria Biturigum fuit. Cœpere deinde et esseda, et vehicula, et petorita exornare.

d'autant plus d'importance que les routes n'étaient pas toutes faciles ni bien directes; les fleuves offraient des voies principales pour le transport des marchandises, et les rivières qui viennent s'y réunir fournissaient, dans leurs ramifications, de nombreux moyens de répandre ces mêmes marchandises dans les différentes parties de la Gaule. Les principaux fleuves qui arrosent le pays descendent en effet des Alpes, des Pyrénées, des Cevennes, etc.; les uns vont se jeter dans l'Océan à différentes latitudes, les autres viennent mêler leurs eaux à celles de la méditerranée, et leur distribution géographique est telle qu'on pouvait traverser la Gaule dans plusieurs directions et communiquer d'une mer à l'autre, en suivant presque constamment la voie fluviale (1). Les renseignements que nous a transmis Strabon sur les principales *lignes commerciales* de la Gaule sont trop précieux pour que je puisse me dispenser de vous les rapporter en peu de mots.

Une grande partie des marchandises importées des contrées méridionales remontaient le Rhône; celles que l'on destinait pour les régions centrales et pour les contrées occidentales,

---

(1) Strabon, lib. iv.

étaient débarquées à une certaine distance du point de départ, chargées sur des chariots et transportées par terre jusqu'à la Loire où on les embarquait de nouveau. Cependant comme il n'était pas facile de remonter le cours du Rhône, à cause de sa rapidité, on préférait quelquefois transporter entièrement par terre les marchandises destinées pour l'Auvergne et celles qui devaient être embarquées sur la Loire.

Quant aux marchandises destinées pour le Nord-Ouest de la Gaule et pour l'île de Brétagne, elles remontaient d'abord le Rhône et la Saône, puis on les transportait par terre vers la Seine, dont elles descendaient le cours jusqu'au territoire des Calètes et des Lexoviens, sur le bord de la mer. De là il ne fallait plus qu'un jour pour aller en Brétagne.

D'autres cargaisons entraient de la Saône dans le Doubs. On en transportait aussi jusqu'à la Moselle d'où elles descendaient dans le Rhin.

Les marchandises que l'on dirigeait de la Méditerranée vers le Sud-Ouest, remontaient d'abord l'Aude, et après un trajet par terre, on les embarquait sur les rivières qui portent leurs eaux dans la Garonne.

Les mêmes directions étaient suivies en sens inverse par les marchandises qui allaient du Nord vers le Midi.

Ainsi établies, les communications commerciales avaient donné naissance à des entrepôts plus ou moins importants. Les uns placés à l'embouchure des fleuves et sur plusieurs points de la côte, les autres à l'intérieur des terres, principalement près des confluents ou des ramifications des rivières.

Ainsi, Arles à l'embouchure du Rhône, et Narbonne près de l'Aude, étaient avec Marseille les entrepôts les plus considérables de la Gaule méridionale.

Bordeaux vers l'embouchure de la Garonne, le *portus Santonum* vers celle de la Charente, le port de Corbillon sur la Loire, entre Nantes et la mer, celui des Venètes dans le Morbihan, ceux des Calètes et des Lexoviens près de l'embouchure de la Seine, le *portus Itius* dans le Boulonnais; enfin Toulouse, Lyon, Châlons, Trèves, et un grand nombre d'autres positions plus ou moins importantes étaient alors des places de commerce. Il en était de même de quelques autres localités qui, quoique loin de la mer, et privées de rivières navigables, étaient cependant des centres pour les affaires, à cause de leur situation près des routes fréquentées.

Les Gaulois tiraient des Îles Britanniques une grande quantité d'étain, du cuivre, du fer et quelques autres métaux, des pelleteries et des chiens d'une espèce particulière; ils donnaient en échange des objets de quincaillerie, des toiles, des étoffes en laine et quelques bijoux.

Pour aller en Brétagne, on s'embarquait ordinairement à l'embouchure des quatre principaux fleuves qui se jettent dans l'Océan (le Rhin, la Seine, la Loire et la Garonne) et dans quelques ports intermédiaires; mais les peuples placés près de la côte, entre le Rhin et la Seine, et surtout les cités maritimes comprises entre ce dernier fleuve et la Loire, qui formaient la confédération armoricaine, étaient particulièrement en possession de faire le commerce avec les peuples britanniques et avec ceux des bords de la Mer Baltique d'où ils tiraient le succin.

Ainsi, les Venètes, peuples puissants de l'Armorique, se livraient avec activité aux opérations commerciales. Plus près de nous, les Calètes et les Lexoviens, placés sur le bord de la mer, à peu de distance de l'île de Wihgt où les Brétons avaient établi un entrepôt pour l'étain, et à l'entrée d'une des grandes voies fluviales dont je viens de parler, tiraient parti des avantages de leur position; ils entretenaient de fréquents rapports avec la Brétagne, les Calètes y vendaient surtout leurs toiles de lin.

Les marchands du Nord de la Gaule expédiaient vers les contrées méridionales les articles qu'ils tiraient des Iles Britanniques ; on les envoyait ensuite en Italie, ainsi que les produits de l'industrie gauloise, tels que des savons, des étoffes de laine, des toiles de diverses qualités, des peaux préparées, du fromage (1), et une très-grande quantité de porc salé (2).

On recevait en retour de ces diverses marchandises du vin, de l'huile, quelques objets d'art et des merceries.

Voilà ce que nous savons du commerce d'importation et d'exportation. Les échanges ordinaires et les trafics que réclamaient les besoins de la vie se faisaient à certains temps de l'année, dans des espèces de marchés qui avaient lieu sur les frontières respectives des différentes cités.

Je termine, Messieurs, un tableau que j'ai pris presque tout entier dans les auteurs grecs et romains ; mais dans lequel j'ai laissé beaucoup de lacunes, comme je vous en ai prévenus en commençant.

---

(1) Strabon parle (lib. IV) des fromages fabriqués dans les Alpes, et Pline (lib. XI) de ceux des Cevennes et de quelques autres cantons, qui étaient estimés à Rome de son temps.

(2) C'étaient surtout les Séquanais et les Eduens qui exportaient en Italie la chair de porc salé et qui savaient la bien préparer.

Nous allons maintenant essayer d'acquérir de nouvelles notions sur les arts et les coutumes des Gaulois au moyen d'une étude approfondie de leurs monuments.

CHAPITRE IV.

Monuments Celtiques.

Que faut-il entendre par monuments celtiques ? — Ce sont des ouvrages grossiers qui remontent à une époque antérieure à la conquête de la Gaule par les Romains. Ce principe de chronologie monumentale souffre néanmoins des exceptions. — Observations à ce sujet. — Description de quelques monuments celtiques ; indication des localités où on les rencontre, et de leur destination présumée. — 1°. Pierres levées ou peulvans. — 2°. Pierres posées. — 3°. Pierres branlantes. — 4°. Trilithes ou Lichavens. — 5°. Autels druidiques ou Dolmens. — 6°. Allées couvertes ou grottes aux fées ; — 7°. Enceintes druidiques ; en pierres ; en terre. Description des monuments d'Avebury et de Stonehenge, etc. — 8°. Alignements. Avenues de Carnac, d'Ardeven (Morbihan), etc. — 9°. Pierres groupées. — 10'. Roches naturelles consacrées au culte. — Un mot des sculptures et autres ouvrages grossiers observés sur quelques pierres druidiques.

Il est nécessaire, Messieurs, de fixer d'abord nos idées sur la nature des monuments que l'on appelle *celtiques*, et sur la période à laquelle nous devons rapporter leur origine.

Des pierres brutes différemment disposées ; des tertres figurant de petites collines ; des levées de terre, etc., etc. Tels furent les premiers ouvrages produits en Gaule par le besoin d'honorer l'être suprême, de perpétuer le souvenir d'un fait ou la mémoire d'un personnage illustre. Tels sont les monuments que l'on attribue généralement aux Celtes.

On convient en effet que des édifices aussi grossiers ne peuvent avoir appartenu qu'à un peuple chez lequel les arts étaient encore dans l'enfance, et qu'ils ne sont pas l'œuvre des Romains, ni des nations qui avaient participé à leur civilisation.

C'est d'ailleurs dans le Nord et dans le centre de l'Europe qu'on rencontre ordinairement ces espèces de constructions ; la Grèce et l'Italie en paraissent dépourvues (1).

Cette observation bien constatée nous conduit à conclure que les monuments de cette espèce qui se rencontrent chez nous, remontent à une époque antérieure à la conquête de la Gaule par les Romains.

Cependant cette division chronologique, ad-

---

(1) Il faut excepter les *tumulus* qui se rencontrent aussi, dit-on, dans plusieurs contrées très-anciennement civilisées.

mise en principe, ne devra pas toujours être regardée comme absolue.

La révolution qui s'opéra dans les mœurs et dans les arts, après la conquête ne fut ni subite ni entière. Des faits positifs prouvent qu'on a encore élevé en Gaule, sous la domination romaine, quelques monuments semblables à ceux des siècles antérieurs (1).

D'un autre côté, comme il m'arrivera souvent de faire ressortir la similitude qui existe entre les monuments des peuples du Nord et ceux que nous attribuons à la période celtique, je dois vous avertir que cette identité de types ne suffit pas pour prouver qu'ils soient du même temps.

L'Ecosse, la Norwège, et plusieurs autres régions de l'Europe septentrionale, n'ont point été soumises à l'empire romain; elles ont conservé leurs arts, leurs mœurs, leurs coutumes primitives jusqu'à une époque assez avancée du moyen âge. Une partie des monuments qui dans ces contrées ressemblent à ceux qui chez nous sont regardés comme antérieurs à l'ère chrétienne, peuvent être d'un âge comparativement beaucoup plus récent.

(1) Principalement des *tumulus*, comme on le verra par la suite.

Ceci posé, je vais essayer de vous donner des idées précises sur les monuments qui ont reçu la dénomination de celtiques.

Je ne vous présenterai dans ce tableau que des faits bien observés, et j'éviterai surtout d'adopter aucune opinion sur les questions obscures dont la solution est douteuse ; car en voulant pénétrer trop avant dans la connaissance des premiers temps historiques, on s'expose à substituer à la vérité, des fables ou des conjectures.

PIERRES LEVÉES.

Les pierres levées que l'on connaît aussi sous les noms de *Menhirs*, *Peulvans*, *Pierres fiches*, etc. (1), sont des pierres brutes d'une forme allongée, implantées verticalement dans la terre comme des bornes (voyez l'atlas, pl. III, fig. 1.). Leur hauteur varie depuis quatre pieds jusqu'à

---

(1) Quelque répugnance que j'éprouve à m'occuper d'étymologies, je crois nécessaire de dire que ces noms *menhir* et *peulvan* sont tirés de la langue celtique. D'après les personnes qui ont étudié cette langue, menhir et peulvan ont à-peu-près la même signification, et se composent de *men* pierre, et *hir* long, *peul* pilier, *vaen* ou *maen* pierre ; c'est-à-dire, pierre allongée, pierre en forme de pilier. Le mot *pierre-fiche* ou *pierre-fichée* n'a pas besoin d'explication c'est le synonime de pierre levée.

vingt et au-delà ; quelquefois elles sont plantées de manière que l'extrémité la moins grosse est en bas et la plus volumineuse en haut, et qu'elles sont portées comme sur un piveau ; quelquefois aussi c'est le contraire. Les pierres sont isolées, ou réunies par groupes plus ou moins considérables ; dans ce dernier cas, elles offrent des dispositions tantôt confuses, tantôt symétriques, et constituent par leur assemblage des monuments de plusieurs espèces dont je vais vous entretenir dans un instant.

Localités. Les pierres levées sont en mêmetemps les monuments les plus simples et les plus nombreux de l'époque celtique; quoiqu'on en ait détruit une quantité considérable depuis dix-huit siècles, il en reste encore dans presque tous nos départements du Nord et de l'Ouest ; M. de Gerville en a signalé dans le département de la Manche (Carneville, Teurteville, Saint-Pierre-Eglise, Montaigu-la-Brisette, Rauville-la-Place, Bouillon, etc.) (1). Dans l'Orne on en connaît à Ecubley près l'Aigle, à Echauffour, à Villedieu, dans la forêt de Gouffern près d'Argentan, dans l'arrondissement de Dom-

(1) Mémoire sur quelques monuments druidiques du département de la Manche, inséré dans le premier volume des Archives de la Normandie.

front, etc. (1) Cinq ou six ont été observées dans le Calvados (Ussy, Culey-le-Patry, Colombiers, Mesnil-Ozouf, etc.); la plus intéressante de celles-ci est située à quatre lieues de Caen, dans la commune de Colombiers-sur-Seule. Cette pierre est de nature calcaire, comme toutes celles du pays où elle se trouve; sa hauteur est de sept pieds et demi (v. pl. III, fig. 1.): elle est encore aujourd'hui l'objet de pratiques superstitieuses, et l'on a découvert dernièrement près d'elle plusieurs tombes renfermant des squelettes(2).

Les pierres levées ne sont pas rares non plus dans le Maine, l'Anjou, la Touraine, le Poitou et la Saintonge(3); mais c'est surtout en Brétagne qu'elles sont très-nombreuses, ainsi que les autres monuments celtiques; les terres en culture occupent dans ce pays moins d'espace que dans le nôtre, l'on y voit des bois et de vastes landes remplis de pierres druidiques. Pour se convaincre de la richesse que présente en ce genre

---

(1) Mémoire présenté à la société des Antiquaires de Normandie; par M. Galeron.
(2) Voir mon Essai sur la Statistique monumentale du Calvados, dans lequel je rends compte de cette découverte.
(3) Voir l'ouvrage de M. Bodin sur l'Anjou. — Celui de M. le baron Chaudruc de Crazanne sur les antiquités du département de la Charente-Inférieure. — Les bulletins de la société Académique de Poitiers, etc.

le département du Morbihan, il faut lire l'ouvrage de M. de Freminville, membre de la société royale des Antiquaires de France (1), et celui de M. l'abbé Mahé (2).

On a observé en Angleterre, comme en France, des pierres levées qui ont été décrites par plusieurs auteurs, notamment par Borlase et par King (3). L'Ecosse, les Iles Orcades et la Scandinavie en renferment aussi un grand nombre (4); mais il est possible que dans ces trois derniers pays les monuments dont nous parlons, ne soient pas tous d'une date aussi reculée que ceux que nous possédons en France. Je viens de vous exposer les raisons qui motivent cette supposition.

Destination présumée. Un grand nombre d'antiquaires pensent que les pierres levées, isolées ou réunies en petit nombre, ont été destinées à honorer les dépouilles mortelles des Celtes, parce qu'on a souvent trouvé des osse-

(1) Essai sur les antiquités de la Brétagne, publié à Brest en 1828, quatre livraisons 8°., avec planches.
(2) Essai sur les antiquités du Morbihan, un volume in-8°. Vannes 1825.
(3) Munimenta antiqua, premier volume.
(4) Mémoires de la société des Antiquaires d'Edimbourg. — Martin's description, of the Western isles. — Wollan's account of the Orkney Islands. — Mémoires de la société Royale des Antiquaires du Nord de Copenhague, etc.

ments humains enterrés près d'elles. Plusieurs passages des poésies d'Ossian paraissent favoriser cette opinion ; mais on croit aussi que souvent c'étaient des espèces d'idoles regardées comme l'emblême de la divinité : quelques-unes pourraient encore avoir été élevées pour perpétuer la mémoire des événements historiques, tels que les batailles.

Vous voyez, Messieurs, combien les opinions sont incertaines au sujet des pierres levées. Il en est malheureusement de même quant à la destination de la plupart des autres monuments attribués aux Celtes. Et en effet, ces peuples ignorant les beaux-arts ne pouvaient, ni par l'architecture ni par la sculpture, différencier leurs monuments selon les intentions dans lesquelles ils les érigeaient; et comme on l'a dit avec raison (1), il n'est pas surprenant d'en rencontrer d'analogues, quant à la forme, et qui cependant n'ont pas été élevés dans le même but.

En terminant ce que j'avais à vous dire des pierres levées, je dois vous prévenir qu'il ne faut pas toujours regarder comme des monuments gaulois celles que vous verrez en

(1) Description des monuments du Morbihan, par M. de Freminville, première partie, p. 25.

position verticale, car il y en a qui se trouvent naturellement placées de la sorte, principalement dans les régions granitiques et quartzeuses. Il faut aussi se garder de prendre pour des pierres celtiques les grandes bornes qui ont parfois été plantées en mémoire de contrats civils, et pour indiquer des limites territoriales. Au reste, les pierres celtiques sont en général plus volumineuses que celles dont je veux parler, et faciles à distinguer pour un œil exercé.

PIERRES POSÉES.

Beaucoup de pierres qui ont eu la même destination que les menhirs ou peulvans n'offrent souvent que des blocs plus ou moins considérables et de formes très-irrégulières, simplement posés sur le sol, au lieu d'être implantés dans la terre. La plupart des antiquaires ne les distinguent pas des pierres levées ; cependant comme cette dénomination ne peut leur convenir, puisqu'elle exprime une forme et une disposition qu'elles n'ont point, je crois devoir les séparer de ces dernières, et je vous propose de les désigner sous le nom de *pierres posées*, en attendant qu'on ait trouvé une meilleure dénomination.

PIERRES BRANLANTES.

Les pierres branlantes (1) sont, comme le nom l'indique, des pierres très-pesantes superposées à d'autres et placées en équilibre, de manière qu'une force légère peut les faire mouvoir; ces pierres paraissent ordinairement naturelles, mais il est possible que souvent l'art ait diminué la base sur laquelle elles reposent, afin de les rendre susceptibles d'être facilement bercées.

Localités. Dans le département de la Manche il existe une pierre branlante à Lithaire, à deux lieues du bourg de Lahaye-du-Puits(2). Les communes de Bretteville et de Fermanville, arrondissement de Cherbourg, en renfermaient deux autres qui ont été détruites il y a 25 ou 30 ans. D'après la description qu'en a donnée M. de Gerville, celle de Fermanville offrait un volume d'environ 100 pieds cubes.

(1) Les pierres branlantes sont connues en Angleterre sous le nom de *Rocking stones*. Il est à remarquer que Pline, dans son liv. II, sec. 98, et Ptolémée, dans son liv. III, chap. III, font mention de pierres énormes que l'on mettait facilement en mouvement, mais qu'aucune force ne pouvait déplacer; évidemment ils veulent parler de pierres branlantes.

(2) Archives Normandes, premier volume, p. 159.

Il y a, dit-on, un monument de cette espèce dans le bois du Gâst, arrondissement de Vire. On en cite aussi en Brétagne et dans plusieurs autres provinces de France.

En Angleterre on a reconnu plusieurs pierres branlantes qui ont été décrites et figurées dans l'*Archeologia*, dans l'ouvrage de King et dans plusieurs autres (1); telle est la pierre de la *butte Golcar* près d'Halifax, dans le comté d'Yorck, dont vous voyez le dessin (pl. III, fig. 4).

Destination. Soit que les pierres branlantes servissent d'instruments pour en imposer au vulgaire, et transmettre la volonté divine par le mouvement oscillatoire que les prêtres savaient leur imprimer; soit qu'elles servissent pour la divination, et que le nombre des oscillations de la pierre après sa mise en mouvement, pût, suivant la croyance de nos pères, donner lieu à une interprétation et apprendre ce qu'on désirait savoir, ainsi que l'ont pensé plusieurs antiquaires; soit enfin que ce fussent simplement des idoles comme quelques autres pierres druidiques; je n'ai que des conjectures

---

(1) Voyez les détails intéressants donnés sur les *Rocking stones* de l'Angleterre et de l'Ecosse, dans les vol. II, VII, VIII et IX de l'*Archeologia*, et dans les *Munimenta antiqua* de King, vol. I, chap. VII.

peu satisfaisantes à vous présenter sur la destination de ces monuments.

PIERRES NON MOBILES DE FORMES SINGULIÈRES.

C'est ici le lieu de vous dire un mot de certaines pierres de formes bizarres, ordinairement isolées, et dont quelques-unes paraîtraient avoir été grossièrement façonnées. Elles sont pour la plupart orbiculaires ou carrées, et reposent sur une base fort étroite, mais sans être mobiles comme les pierres branlantes.

Localités. Jusqu'ici je n'ai rien vu de semblable en Normandie; mais en Angleterre on connaît des pierres de cette espèce qui ont été figurées et décrites dans plusieurs ouvrages (1), quelques-unes ont la forme d'un cône renversé, et dans le comté d'Yorck, il y en avait une munie de renflements et portée sur une base étroite comme un vase sur son pédicule (2). La pierre dont je mets la figure sous vos yeux (v. la pl. III, n°. 5) existait encore en Angleterre à la fin du siècle dernier; elle présentait, ainsi que plu-

---

(1) Dans les premiers volumes de l'*Archeologia*; dans les *Munimenta antiqua* de King, etc., etc.

(2) Voyez la pl. xv de l'ouvrage de King, et celle qui se trouve dans le deuxième volume de l'*Archeologia*.

sieurs autres, une espèce de cavité ou de bassin à sa partie supérieure.

TRILITHES OU LICHAVENS.

On appelle *trilithe* ou *lichaven* (1) l'assemblage de trois pierres dont deux verticales en supportent une troisième placée horizontalement ; cette combinaison de pierres présente la forme d'une porte (Voyez l'Atlas, pl. III, fig. 2), on croit que c'était une espèce d'autel d'oblation.

Localités. Je ne connais point de trilithes en Normandie ; mais on en rencontre en Brétagne et dans plusieurs autres parties de la France.

DOLMENS (2).

(Cromlecks des antiquaires Anglais.)

Les dolmens ou autels druidiques offrent un assemblage de pierres dont le nombre varie,

---

(1) Ce n'est pas sans quelque répugnance que j'emploie ces noms barbares tirés du celtique ; mais en cela je me conforme à l'usage et je suis la nomenclature établie. Les antiquaires anglais appellent *trilithon* la même combinaison de pierres ; cette dénomination qui indique que le monument est composé de trois blocs, me semble beaucoup meilleure que l'autre, et je l'emploie concurremment avec elle.

(2) *Dolmen* est composé de deux mots celtiques *dol* table, et *men* pierre.

mais qui sont toujours disposées de manière à présenter des formes à-peu-près semblables.

Les plus simples se composent d'une grande pierre brutte et applatie, ordinairement plus longue que large, élevée comme une table grossière sur trois ou quatre autres pierres posées verticalement.

Dans les dolmens plus compliqués, on trouve depuis six jusqu'à douze ou quinze pierres verticales, supportant une grande table d'un ou de plusieurs morceaux.

Lorsque les pierres du pourtour sont nombreuses, il arrive par fois qu'elles ne servent pas toutes à soutenir la table supérieure, que plusieurs ne sont pas même en contact avec elle, et paraissent seulement destinées à former une sorte de mur ou de clôture.

Les dolmens affectent assez souvent la forme d'un carré long; les plus compliqués offrent presque toujours une ouverture sur l'un des petits côtés, tandis que cette ouverture se trouve ordinairement sur l'un des grands côtés, dans les dolmens simples.

La plate-forme, ou table des dolmens, est assez souvent inclinée; quelquefois cependant elle est posée horizontalement.

Sur quelques-unes de ces tables on a remarqué, tant en France qu'en Angleterre, des espèces de cavités et de rigoles peu profondes, grossièrement creusées, que plusieurs personnes ont crues avoir été destinées à recevoir le sang des victimes.

On ne peut rien spécifier relativement aux dimensions des dolmens, parce qu'elles sont extrêmement variables. J'en connais de presque toutes les grandeurs, depuis ceux dont la table ne s'élève qu'à un pied et demi ou deux pieds au-dessus du sol et n'en a que trois ou quatre de diamètre, jusqu'aux grands dolmens, longs de douze, dix-huit et quelquefois vingt-cinq pieds, dont la table est assez élevée pour que plusieurs personnes puissent entrer et se mettre à couvert dans la chambre à laquelle elle sert de toiture.

L'intérieur de quelques dolmens est divisé en deux compartiments par une ou plusieurs pierres posées sur le champ.

Il existe des dolmens imparfaits dont la table est appuyée d'un côté sur deux supports, tandis que de l'autre elle repose immédiatement sur la terre. Plusieurs personnes les désignent sous le nom de *demi-dolmens*.

Enfin quelques dolmens sont accompagnés d'un ou de plusieurs *peulvans*.

Pour vous donner, Messieurs, une idée exacte des principales variétés de dolmens que je viens d'indiquer, je vous présente les dessins de quatre monuments de ce genre, de formes et de dimensions différentes (v. la pl. II).

Le n°. 1 est un dolmen imparfait ou demi-dolmen.

Le n°. 2 est un dolmen simple, composé d'une grande table inclinée reposant sur trois pierres posées de champ, et dont une est percée d'un trou circulaire. Ce monument existe dans les bois de Tries, près de Gisors, où je l'ai visité l'année dernière.

Le n°. 3 est un dolmen plus compliqué, dont les pierres du pourtour sont au nombre de six.

Le n°. 4 est un dolmen encore plus vaste et plus compliqué.

Localités. Les dolmens se rencontrent ordinairement isolés, cependant on en connaît de réunis au nombre de deux, trois ou quatre; ils se trouvent le plus souvent dans les landes et dans les bois, sur des éminences naturelles; mais il en existe aussi dans des lieux bas et marécageux; quelques-uns sont placés sur des tertres artificiels.

Un des dolmens les plus remarquables que nous ayons en Normandie, est celui de Fresnay-le-Buffard (1), département de l'Orne : on le connaît sous le nom de *pierre des bignes.*

La table de ce dolmen est posée sur quatre supports, elle a dix pieds de longueur sur neuf pieds de largeur, sa plus grande épaisseur est de trois pieds. Ce monument est situé sur une éminence naturelle, et les pierres qui le composent sont d'un granit micacé que l'on ne rencontre qu'à deux ou trois lieues de Fresnay-le-Buffard.

On peut encore citer dans le département de l'Orne, le dolmen de Saint-Laurent, entre Longny et Rémalars, dont la table, longue de treize pieds et large de huit, est percée de part en part, et présente plusieurs autres particularités remarquables; ceux de Saint-Sulpice-sur-Rille, de la Ferté-Fresnel, de Fontaine, de la forêt d'Andaine, etc., etc. (2). Dans la Manche, il existe des monuments semblables à Martinvast, à Flamanville, à Jobourg (3), et probablement dans quelques autres communes. Trois ou

(1) On trouve dans les Archives de la Normandie, tome 1er., p. 262, une description de la pierre des Bignes, par M. Louis Du Bois.

(2) M. Galeron a décrit ces différents dolmens dans un mémoire que la société des Antiquaires se propose de publier.

(3) Mémoire de M. de Gerville, sur les pierres druidiques du Cotentin. Archives de la Normandie, t. 1er.

quatre dolmens ont été observés dans la Haute-Normandie; celui de la forêt d'Evreux a été figuré par M. Rever (1). On en connaît plusieurs dans les îles de Jerzey et de Guernezey, qui faisaient autrefois partie de la Normandie.

L'arrondissement de Saumur renferme encore douze ou quinze dolmens qui ont été décrits par M. Bodin dans son ouvrage sur l'Anjou; mais on croit que depuis un siècle on en a détruit près de quarante pour en employer les pierres à paver les rues de Saumur et le chemin qui longe la Loire. Les principaux dolmens qui existent aujourd'hui sont situés sur la rive gauche de cette rivière, depuis la commune de Montreuil-Bellay, jusqu'à celle de Charcé; ils sont pour la plus part d'une assez grande dimension; l'un d'eux présente une longueur de dix-huit pieds sur neuf pieds de largeur et quatre pieds et demi de hauteur. Il est divisé intérieurement en deux cellules, et l'ouverture qui est placée vers l'Orient est divisée elle-même en deux parties par une espèce de pillier ou de meneau qui supporte en même temps de ce côté l'une des grandes pierres du toit (2).

(1) Essai sur les Ruines du Viel Evreux.
(2) Bodin, Recherches sur Saumur et le Haut-Anjou, t. 1ᵉʳ.

Dans le Maine, le Poitou, la Saintonge, on peut, comme en Normandie et en Anjou, observer des dolmens de plusieurs espèces. On en voit encore une plus grande quantité en Brétagne.

Je vous présenterais l'énumération de ceux que renferme le département du Morbihan, si je ne craignais qu'une si longue nomenclature ne vous parût fastidieuse; d'ailleurs ils ont été parfaitement décrits par M. de Freminville dont vous pourrez consulter les ouvrages.

Des fouilles ont été pratiquées sous les dolmens en France et en Angleterre : souvent on n'y a rien découvert, quelquefois aussi on y a trouvé des ossements humains à une profondeur de trois ou quatre pieds, avec divers instruments de silex ou de bronze, et quelques autres objets de fabrique celtique.

Destination présumée. Quelques antiquaires ont pensé que les grands dolmens qui ressemblent assez souvent à des loges ou cellules, ont pu servir d'habitation; mais cette opinion a trouvé peu de partisans.

Le docteur Borlase regardait les dolmens comme des tombeaux. MM. King et Rowland n'ont admis l'opinion de Borlase que dans cer-

(1) Norris Brewer, introduction to the beauties of England and Wales.

tains cas; par exemple, lorsque les dolmens sont placés près des *tumulus* ou sur le sommet de ces éminences funéraires dont je vous entretiendrai bientôt.

Alors les dolmens pourraient, disent-ils, être considérés comme faisant partie des tombeaux, comme des autels funèbres sur lesquels on immolait peut-être des victimes dont le sang arrosait la terre qui recouvrait le défunt.

Les mêmes savants pensent que partout ailleurs les dolmens étaient des autels d'oblation, et supposent que l'inclinaison qui se voit assez ordinairement dans la grande pierre avait pour but de faciliter l'écoulement du sang des victimes. Leur opinion a prévalu d'autant plus facilement que parmi les monuments celtiques il n'y a guère que l'assemblage de pierres connu sous le nom de *dolmen* qui puisse être regardé comme un autel. D'un autre côté, on n'a pas découvert d'ossements sous tous les dolmens où l'on a pratiqué des fouilles, l'espace qui existe entre les supports de la table est quelquefois trop étroit pour qu'on ait pu y enterrer un mort; et d'ailleurs la présence des débris humains que l'on a trouvés parfois sous les dolmens ne suffirait pas pour prouver qu'ils fussent des tombeaux, car on peut avoir inhumé sous ces autels les victimes elles-mêmes, ou bien des prêtres et des personnes de distinction, à peu près comme dans les siècles suivants on a pendant si long-temps enterré dans les églises.

Si nous ajoutons que les dolmens sont presque toujours placés dans des lieux élevés d'où ils pouvaient être aperçus de la multitude assemblée pour assister aux sacrifices; que dans les hautes terres de l'Ecosse ils sont encore à présent connus sous les noms de temples ou de chapelles (1), nous serons persuadés de plus en plus que les prêtres gaulois immolaient leurs victimes, et déposaient leurs offrandes sur les tables grossières que nous venons d'examiner.

ALLÉES COUVERTES OU GROTTES AUX FÉES.

On désigne assez souvent sous cette dénomination de grandes loges ou galeries plus ou moins profondes dont les murs ou parois sont formés avec des pierres brutes et contiguës, placées sur le champ qui supportent un toît horizontal, formé de grandes dalles, et de quartiers de roches grossièrement ajustés.

Vous voyez, Messieurs, combien ces monu-

---

(1) Cambden, vol. 11, — King's. Munimenta antiqua, vol. 1ᵉʳ.

ments ont de ressemblance avec les grands dolmens ; ils n'en diffèrent effectivement que par leurs dimensions plus considérables et surtout par leur longueur. Aussi plusieurs antiquaires les confondent-ils avec ces derniers.

Pour éviter toute incertitude et pour établir une distinction facile à saisir, nous dirons que tous les dolmens dont la longueur dépasse 20 ou 25 pieds, devront être classés parmi les allées couvertes.

Ces allées, au lieu de présenter une largeur égale d'un bout à l'autre, s'évasent quelquefois sensiblement à l'une de leurs extrémités ; il y en a même qui offrent l'aspect d'un corridor terminé par un appartement grossièrement arrondi ou carré.

Quelques-unes sont aussi divisées intérieurement en deux ou trois pièces, comme certains dolmens de grande proportion.

Localités. Les deux plus beaux monuments de ce genre qui existent en France, sont peut-être la Roche aux fées d'Essé, à sept lieues de Rennes, et celle de Bagneux à la porte de Saumur. Toutes deux ont la forme d'un carré très-allongé et s'élargissent vers le fond. La Grotte aux Fées d'Essé, dont j'ai mis sous vos yeux la représentation (voyez pl. II., fig. 5), n'a pas moins de 56 pieds de longueur. Elle est divisée intérieurement en deux parties.

La première pièce a 13 pieds 10 pouces de longueur sur 8 pieds 4 pouces de largeur dans œuvre. On entre dans la deuxième par une ouverture en forme de porte. Cette seconde pièce a 43 pieds 2 pouces de long sur 11 pieds 4 pouces à une extrémité, et 10 pieds 8 pouces à l'autre. Elle est divisée, dans sa longueur, sur un de ses côtés seulement, par trois grandes pierres plates qui forment quatre cellules ou alcoves (1).

Les murs de tout l'édifice sont en pierres brutes énormes plantées verticalement ; ils sont recouverts par des quartiers de roches posés d'un côté à l'autre, sans ciment, sans attache, mais que leur poids rend d'une solidité inébranlable. L'une de ces pierres est longue de 19 pieds 4 pouces, épaisse de 6 pieds 2 pouces et large de 8 pieds 4 pouces ; les autres ont à peu près les mêmes dimensions.

L'allée couverte de Bagneux offre des proportions plus colossales encore. Elle n'a pas

---

(1) Monuments de la France classés chronologiquement; par M. Alexandre de La Borde.

moins de 60 pieds de longueur sur une largeur de 20 pieds ; sa hauteur est de 9 pieds. Quatre énormes morceaux de grès posés sur le champ à la suite les uns des autres forment chacun des deux côtés.

Le toit est composé de quatre pierres à peu près semblables aux précédentes, dont la plus grande a 22 pieds et demi de longueur sur 21 pieds de largeur. L'une des extrémités de l'allée est fermée par une pierre d'un seul morceau ; l'autre extrémité par où l'on entre est seulement retrécie au moyen d'une pierre moins considérable.

L'imagination effrayée à la vue de tels monuments se demande comment des peuples, dans l'enfance de la civilisation, ont pu remuer des masses si énormes.

On peut encore citer une allée couverte qui a été observée, par M. de Freminville, près du golfe du Morbihan ; elle n'a pas d'aussi grandes dimensions que les précédentes, en hauteur et en largeur ; mais elle est encore plus longue (v. pl. II, fig. 6), et se rapproche beaucoup par ses proportions d'une autre allée découverte à New-Grange en Angleterre, et figurée dans le deuxième volume de l'archéologie britannique.

D'après M. de Freminville, « ce monument
« a l'apparence d'une longue galerie arquée
« vers l'une de ses extrémités, et formée de
« deux rangs parallèles de pierres verticales,
« soutenant une plate-forme composée de qua-
« torze pierres plates posées en travers, les unes
« contre les autres, de manière à former un plan
« horizontal. La longueur de cette galerie est
« de 63 pieds; on compte 14 pierres verticales
« sur chacun des côtés : l'extrémité arquée est
« ouverte, l'autre est fermée par une pierre
« plantée sur le champ. Dans l'intérieur une
« pierre disposée de même fait une cloison qui
« forme vers cette extrémité une petite cellule
« d'environ 4 pieds et demi en carré. La hau-
« teur totale de l'édifice mesurée en dehors est
« de 5 pieds et demi. »

Il existe quelques autres allées couvertes, moins remarquables, il est vrai, que les précédentes, à Plucadeuc, Lormariaker (Morbihan), et dans quelques-uns de nos départements du Nord.

Dans un département voisin du nôtre, celui de la Manche, M. de Gerville a observé des allées couvertes très-curieuses sur le bord de la forêt de Briquebec; il en a remarqué deux autres, en partie détruites, dans les communes de Vauville et de Bretteville, arrondissement de Cherbourg : la première a 40 pieds de longueur, et la seconde environ 5o pieds (1).

Destination. On a émis les mêmes opinions sur la destination des allées couvertes que sur celle des dolmens.

ENCEINTES DRUIDIQUES.

Enceintes en pierres ou cromlecks (2). On observe en France, en Angleterre, en Ecosse, en Suède, en Norvège et dans plusieurs autres parties de l'Europe des enceintes formées de pierres brutes plus ou moins volumineuses ; ces enceintes sont le plus souvent circulaires, et l'on retrouve ordinairement dans les autres formes quelles affectent des figures symétriques, telles que l'ellipse, le demi-cercle, le carré-long, etc.

Le nombre des pierres varie suivant les dimensions des enceintes. Souvent on n'en voit

---

(1) Archives de la Normandie, premier volume.
(2) On désigne assez souvent les enceintes en pierres sous le nom de *cromleck* composé, dit-on, de deux mots brétons, *crom* courbe et *leck* pierre ; en Angleterre le nom de cromleck s'applique aux dolmens, comme on l'a vu précédemment.

que neuf ou douze, et le docteur Borlase n'en avait pas observé plus de soixante-dix-sept ; mais aujourd'hui on connaît en Angleterre des cercles encore plus vastes.

Quelques-uns sont formés par un double rang de pierres; dans d'autres on remarque entre les pierres principales des pierres plus petites qui paraissent destinées à rendre la clôture plus compacte. Un grand nombre sont entourés de fossés.

On connaît des cercles qui sont contigus les uns aux autres; il y en a même qui se coupent réciproquement par des intersections; plusieurs ont des entrées dirigées sur les quatre points cardinaux, et quelquefois on a trouvé des avenues de pierres alignées sur ces entrées.

Enfin des pierres plus hautes que celles de la circonférence occupent le centre de plusieurs cercles druidiques, et dans d'autres on remarque, tantôt vers le centre, tantôt sur un des côtés, des dolmens ou des pierres plus ou moins volumineuses dont la forme et la position varient (1).

Enceintes en terre. Outre les enceintes en pierres on connaît un grand nombre d'enceintes éga-

(1) Norris Brewer. Introduction to the Beauties of England and Wales.

lement ovales, rondes, carrées-longues, semi-circulaires ou en demi-lune, formées par de petits ramparts en terre mêlée de cailloux. Des personnes peu versées dans la connaissance des antiquités les ont souvent prises pour des camps; mais cette opinion ne pourrait être admise, car elles sont presque toutes beaucoup trop étroites pour avoir pu servir à un pareil usage, et le sol en est souvent inégal et convexe, au lieu d'être applani comme celui d'un camp; on y rencontre d'ailleurs quelquefois des dolmens ou des pierres levées comme dans les cercles de pierres.

Plusieurs antiquaires ont supposé que les sanctuaires druidiques ont été clos avec des levées de terre, lorsque les pierres manquaient; mais tel n'a pas toujours dû être le motif qui a déterminé à employer de la terre au lieu de bornes en pierres, et peut-être a-t-on souvent eu en vue d'éviter des travaux trop pénibles, car on trouve quelquefois des enceintes semblables dans les lieux où les pierres sont très-abondantes.

Quoi qu'il en soit, les dimensions des enceintes en terre sont aussi variables que celles des enceintes en pierres, et probablement proportionnées à l'importance des peuplades qui les ont élevées.

Localités. La Normandie n'a pas encore été assez bien explorée sous le rapport des antiquités celtiques, pour que l'on puisse savoir exactement combien elle renferme d'enceintes druidiques; mais ces monuments y paraissent extrêmement rares aujourd'hui. Je n'en connais point de semblables dans le Calvados. Dans l'Orne M. Galeron a découvert les restes d'un cercle de pierres, à Saint-Hilaire-sur-Rille, à trois lieues de l'Aigle. On n'en a encore signalé aucun dans les départements de l'Eure et de la Seine-Inférieure.

Entre Terrefort et Rion, près de Saumur, dans l'Anjou, on voyait autrefois un beau cromleck composé de treize pierres, dont douze disposées en cercle, et une, beaucoup plus élevée que les autres, placée au milieu (1). Ce monument était sur une éminence, dans un lieu éloigné de toute habitation et environné de bois. Il n'existe plus aujourd'hui ; mais il est marqué sur la carte de Cassini (n°. 66), par un point entouré d'un cercle, figure qui représente la disposition des pierres.

M. Le Jeune a découvert sur le territoire d'Alluye, dans le pays Chartrain, une très-

(1) Bodin, Recherches sur l'Anjou, t. 1er.

vaste enceinte en pierre, qui a déjà subi de grandes dégradations; mais dans laquelle il a pu reconnaître la forme d'un carré long (1).

On en connaît aussi quelques-unes en Brétagne, entre autres le cromleck semi-circulaire de Menec, placé à l'une des extrémités des alignements de Karnac (voy. la pl. IV.)

A Gellainville, près de Chartres, on cite un cercle composé de douze blocs de grès brut, disposés en forme d'ellipse, et dont le grand diamètre est de soixante pieds (2).

Dans la presqu'île de Kermevan, à cinq lieues de Brest, il existe un cercle de même forme que le précédent, mais dont les dimensions sont beaucoup plus vastes (3).

Entre Lanveoch et Crozan, dans le même département, M. de Freminville indique une vaste enceinte druidique de forme carrée.

Enfin quelques dolmens isolés pourraient bien avoir été dans l'origine entourés d'une enceinte en terre ou en pierre; car plusieurs

(1) Renseignements communiqués par M. Le Jeune, membre de la société des Antiquaires de Normandie, à Chartres.
(2) Ce monument a été décrit et figuré dans le deuxième vol. de la soc. Roy. des Ant. de France.
(3) Mém. de la soc. Roy. des Antiq. de France. Vol. III, p. 16.

sont désignés sous le nom de *pierres cerclées*.

Mais l'Angleterre et l'Ecosse renferment aujourd'hui un plus grand nombre d'enceintes en pierres que la France occidentale. Elles y sont aussi mieux conservées pour la plupart, et quelques-unes d'entre elles surpassent peut-être en grandeur et en magnificence celles qui existent dans les autres parties de l'Europe.

Permettez-moi, Messieurs, d'appeler un instant votre attention sur les deux cercles de pierres les plus curieux que l'on ait observés en Angleterre, ceux de Stone-henge et d'Avebury; malheureusement le premier est considérablement altéré aujourd'hui, et le second est entièrement détruit. Mais il nous reste de ces deux monuments des descriptions qui en conserveront à jamais le souvenir.

Le monument de Stone-henge (1) est situé à six milles de Salisbury, sur une éminence dans le voisinage de laquelle on rencontre plusieurs *tumulus*; il est composé de quatre cercles concentriques dont les deux plus grands sont circulaires et les deux autres un peu elliptiques (v. pl. III, fig. 7). Lorsque M. King le décrivit en 1799, ce monument était déjà en

---

(1) *Stone-henge* est un nom Saxon, il signifie pierres rangées.

ruine; mais on pouvait reconnaître les places des pierres qui manquaient et restaurer les différents cercles d'une manière presque complète.

D'après les observations de ce savant et celles qui avaient été faites auparavant par M. Wood, autre antiquaire anglais, le cercle extérieur avait à-peu-près quatre-vingt-dix-sept pieds de diamètre ; il se composait primitivement de trente pierres levées, hautes de dix à douze pieds, placées à un mètre de distance les unes des autres ; ces trente pierres supportaient un pareil nombre d'impostes ou de pierres horizontales qui se joignaient par leurs extrémités et formaient ainsi une sorte de balustrade grossière (pl. III, fig. 6). Une particularité fort remarquable, c'est que l'extrémité supérieure des pierres de support était taillée de manière à présenter des saillies qui s'emboitaient dans les impostes où des trous avaient été pratiqués (1).

Le deuxième cercle, à neuf pieds du précédent, était formé de vingt-neuf pierres levées sans impostes, qui étaient de moitié moins grandes que celles du cercle extérieur ; il en restait encore dix-neuf debout il y a trente ans.

(1) Voyez le point *a*, pl. III, fig. 6.

Le troisième cercle, à treize pieds du précédent, offrait une ellipse dont le petit diamètre était de cinquante-deux pieds et le plus grand d'environ cinquante-cinq ; il était formé par des trilithes ou lichavens d'une assez grande dimension, dont la hauteur s'élevait graduellement du côté du Sud-Ouest, et dont le plus considérable avait vingt-deux pieds d'élévation.

Enfin le cercle central légèrement elliptique, comme le troisième, se composait de vingt peulvans hauts d'environ six pieds.

A l'extrémité orientale de l'ovale enfermé dans ce dernier cercle, était une grande pierre de marbre bleu, longue de seize pieds et large de quatre, posée à plat sur le sol, et que l'on suppose avoir été un autel.

Les pierres levées qui composaient ces quatre cercles étaient généralement plus larges vers leur base que vers leur sommet ; elles avaient été plantées dans des cavités creusées au milieu d'une roche crayeuse, et l'on avait eu soin de les assujettir solidement dans ces espèces d'alvéoles, avec des silex brisés étroitement tassés.

Un fossé large de trente pieds placé entre deux levées de terre (v. *f* pl. III, fig. 7) formait une cinquième enceinte circulaire d'environ trois cents pieds de diamètre à cent pieds des cercles de pierre dont je viens de vous indiquer rapidement la disposition ; on remarquait le long de ce fossé trois entrées dont la plus considérable faisait face au Nord-Est (point G, pl. III, fig. 7). Près de celle-ci, et à l'intérieur de l'enceinte, une grande pierre de vingt pieds sur 17 était posée sur le sol ; des pierres moins remarquables se voyaient près des autres entrées et à certaines places le long du fossé.

Dans leur état actuel, les ruines du monument de Stone-henge sont encore de nature à exciter l'intérêt des savans et des curieux ; elles ont été figurées dans le grand ouvrage de King et dans le deuxième volume de la Société des Antiquaires de Londres. Je me borne à vous présenter la vue de quelques-unes des pierres du monument rangées dans l'ordre qu'elles affectaient du centre à la circonférence, et le plan des quatre cercles de pierre supposés entiers (pl. III , fig. 6 et 7) ; dans cette restauration que j'emprunte à l'ouvrage de King, on a figuré les deux cercles elliptiques comme s'ils n'avaient pas été fermés du côté du Nord-Est, et comme s'ils eussent présenté originairement la forme d'un fer à cheval ; cette supposition a été basée sur ce qu'on ne voit aujourd'hui aucunes pierres de ce côté, et que rien n'indique qu'il y en ait eu autrefois; mais elle n'a pas été admise par tous les antiquaires anglais, dont plusieurs pensent au contraire que les cercles elliptiques ont été complets dans l'origine.

Le vaste cercle d'Avebury, en Willshire, est entièrement détruit; toutes les pierres qui le composaient ont été successivement brisées et employées dans la construction des maisons du bourg voisin. Mais il était encore presque entier en 1713, époque à laquelle on en a fait une description très-exacte; il se composait de 660 pierres au moins, et se trouvait au milieu d'une plaine, à partir de laquelle le terrain s'abaissait doucement de tous côtés. Afin que vous puissiez mieux saisir l'ensemble et l'importance de ce monument, je vous présente la restauration que M. Britton en a faite, et qu'il a publiée dans son histoire du comté de Wilt (voy. la pl. III, fig. 3).

Le grand cercle extérieur *a* était formé de cent pierres hautes de quinze à seize pieds, et placées à vingt-sept pieds les unes des autres; il avait à peu près treize cents pieds de diamètre, et il était entouré d'un large fossé dont une levée de terre ou *vallum* garnissait le bord extérieur.

Ce grand cercle en renfermait deux autres plus petits, composés chacun de deux rangs concentriques de peulvans, dont l'un de trente pierres *b. b.* présentait un diamètre de quatre cents soixante-six pieds, et l'autre de douze pierres *c. c.*, avait un diamètre de cent quatre vingt-six pieds.

Au centre du cercle placé vers le Nord C., on voyait un pilier ou menhir, haut de vingt pieds.

Dans l'autre D. il y avait un vaste dolmen.

Deux grandes avenues E. E. dont chacune était formée par des bornes en pierre au nombre de deux cents, disposées sur deux lignes, se prolongeaient fort loin, à partir du cercle extérieur. L'une d'elles se dirigeait vers un cercle double composé de deux rangs de pierres hautes de cinq pieds. Quarante-huit pierres formaient le cercle extérieur, et dix-huit le cercle intérieur; le premier avait cent-vingt pieds de diamètre et le second quarante-cinq pieds.

On remarquait une grande pierre isolée à l'extrémité de l'autre avenue.

Après vous avoir entretenus des cercles en pierres les plus curieux que l'on connaisse, il serait superflu de vous signaler tous ceux qui ont été décrits par les antiquaires anglais; je me borne à vous offrir une vue du cromleck de Boscawen en Cornouaille, et le plan d'un autre cercle druidique qui existe sur la colline de Fiddess, dans les hautes terres de l'Ecosse. Le premier est, comme beaucoup d'autres, composé d'un rang de peulvans et d'une grande pierre centrale (Pl. III, fig. 9).

Le second est un de ceux dans lesquels les pierres sont à plat au lieu d'être plantées verticalement, et où la principale pierre n'est point au centre, mais sur un des côtés de l'enceinte (voy. pl. III, fig. 8). Il n'a que quarante-six pieds de diamètre et ne se compose que d'un petit nombre de quartiers de roches assez écartés les uns des autres; mais sa forme circulaire est tracée en outre par deux petits fossés concentriques. Un autre fossé divise le cercle en deux parties inégales, et forme sur le côté une espèce de sanctuaire en avant de la pierre principale. (voy. la fig. 8).

Le Danemarck, la Norwège et la Suède contiennent un grand nombre de cromlecks ; ces enceintes le plus souvent circulaires ou elliptiques renferment ordinairement au centre un autel, et quelquefois une pierre dressée obliquement devant cet autel ; d'autres fois deux autels sont érigés l'un contre l'autre. Enfin on y voit dans quelques endroits trois lieux de sacrifice peu éloignés les uns des autres, et disposés de manière à former un triangle (1).

Les enceintes druidiques closes avec une levée de terre présentent moins d'intérêt que les autres, et l'on y a fait jusqu'ici peu d'attention. On en connaît plusieurs en Brétagne; M. l'abbé Mahé en cite à Plandren, Bignon, Neuillac, Groix, Mendon, et dans quelques autres localités du département du Morbihan (1). M. Gaillard en a remarqué une à l'extrémité de la pointe de Boudeville près Tancarville (Seine-Inférieure), et l'on en trouvera sans doute plusieurs autres en Normandie, quand on aura exploré tous les lieux où elles peuvent se rencontrer; mais il faut bien prendre garde de confondre avec elles certains emplacements de châteaux du moyen âge, dont il ne reste plus que des traces, que l'on pourrait méconnaître au premier abord.

Il serait fort curieux de comparer les enceintes druidiques de la Brétagne avec celles qui existent dans les autres parties de la France et en Angleterre; de savoir quelles sont leurs formes et leurs dimensions les plus ordinaires dans cha-

---

(1) Mémoire sur la plus ancienne religion du Nord, traduit par M. Depping et imprimé dans le deuxième volume de la soc. Roy. des Antiq. de France.

(.) Essai sur les antiquités de ce département, *Passim.*

cune de ces régions; mais la statistique de ces monuments druidiques n'est pas assez avancée pour que je puisse vous communiquer sur ce point des données certaines; et il faut attendre le travail que M. J. Desnoyers nous fait espérer sur ce sujet important.

D'après le peu d'observations que j'ai pu comparer, il paraîtrait que les cercles de pierre seraient plus communs en Angleterre que sur le continent.

Destination. On regarde généralement les enceintes dont je viens de vous entretenir comme des temples. En effet, ces espèces de sanctuaires qui écartaient le vulgaire sans empêcher la vue de s'étendre au loin, étaient tout-à-fait appropriés aux idées des druides qui ne voulaient point enfermer la divinité dans des murailles. La présence des dolmens et des autres pierres qui paraissent avoir servi d'autels au centre de plusieurs enceintes fortifie cette conjecture; et d'un autre côté d'après les faits et les traditions rapportés par M. King, des victimes humaines auraient encore été offertes à Odin au milieu des cercles de pierre, vers la fin du IXe siècle dans les régions septentrionales de l'Europe (1).

(1) Munimenta antiqua, premier volume, p. 231.

Mais on croit aussi avec quelque fondement que ces monuments n'ont pas toujours servi uniquement à des cérémonies religieuses. Dans l'enfance des peuples les lieux consacrés au culte devaient servir en même temps de cours de justice, et l'on devait y tenir conseil sur les intérêts de la nation, y faire des élections, des inaugurations, etc. On suppose donc que les enceintes druidiques ont eu cette double destination, puisque les druides étaient prêtres et législateurs, et qu'ils mettaient tous leurs soins à persuader que la loi venait immédiatement de la divinité.

Des rapprochements assez curieux viennent à l'appui de cette conjecture : Martin a remarqué dans les îles du Nord (1) quelques traces de la coutume de rendre la justice dans des enceintes en pierres, et l'historien du comté de Cornouaille rapporte d'après Wormius que dans le Nord les nobles se sont réunis en cercle sur des pierres, pour élire leurs princes, jusqu'au temps de la Bulle d'or donnée par l'empereur Charles IV en 1356 (2). Le cercle de

---

(1) Martin's description of the Western isles.
(2) Borlase, p. 205. — Wormius, p. 88-90. — Martin, p. 241. King's monumenta antiqua, vol. I., p. 147.

pierres dans lequel Ericus fut proclamé roi de Suède existe encore près d'Upsal ; une large pierre en occupe le centre comme dans plusieurs autres enceintes du même pays. Un grand nombre de faits rapportés dans l'ouvrage de King prouvent que les mêmes usages se sont perpétués pendant long-temps en Irlande et en Ecosse (1).

D'après ce que l'on a pu raisonnablement supposer des anciens usages relatifs aux cercles de pierres, il paraît que les membres d'un conseil convoqué pour une élection ou pour un jugement ou pour quelqu'autre délibération, se tenaient debout devant chaque pierre, qu'ils montaient dessus ou qu'ils s'en servaient comme de siège suivant la forme des pierres et leur dimension. Celui qui présidait l'assemblée se plaçait près de la pierre centrale. Enfin l'on suppose que dans les grandes réunions certaines pierres servaient de piédestaux pour élever au-dessus des autres les personnes les plus distinguées (2).

Comme on sait par le témoignage de César que les druides enseignaient l'astronomie dans leurs écoles, quelques antiquaires ont pensé que les enceintes qui représentent des figures

(1) V. premier volume, p. 147.
(2) Norris Brewer, p. 72.

géométriques, telles que certains cercles de pierres dont les entrées sont orientées sur les quatre points cardinaux, et qui sont placées sur des éminences, pouvaient avoir servi à démontrer le cours des astres (1).

D'autres enfin ont prétendu que les enceintes druidiques étaient des lieux de sépulture; mais il est évident qu'elles n'eurent pas habituellement cette destination, car il n'est pas ordinaire d'y trouver des débris funéraires, et ceux qu'on y a découverts étaient peu nombreux; d'où l'on peut supposer que la faveur d'être enterré dans ces enceintes, était réservée aux ministres de la religion ou à des personnages puissants.

King rapporte qu'en Angleterre et en Ecosse on a pendant fort long-temps conservé l'usage de danser en rond autour des cercles de pierres et il croit que cette coutume pourrait venir de quelqu'ancienne cérémonie religieuse dans laquelle on se livrait à cet exercice. Sans adopter absolument son opinion, j'ajouterai qu'en

---

(1) King est de cette opinion; il pense aussi que les cercles dont le centre était occupé par une grande pierre levée étaient plus particulièrement destinés aux assemblées civiles, aux conseils, etc.; au lieu que ceux dans lesquels on remarque un dolmen, servaient aux cérémonies religieuses.

France des traditions fabuleuses relatives à la danse des fées se rattachent à plusieurs cercles druidiques et même à quelques *tumulus*.

ALIGNEMENTS.

Des pierres levées plantées en terre (*peulvans*) ou des blocs simplement posés sur le sol, composent les monuments de cette espèce. Les pierres alignées avec plus ou moins de régularité, et plus ou moins distantes les unes des autres, ne forment quelquefois qu'une seule file; mais souvent on en rencontre deux, trois, quatre ou un plus grand nombre parallèles les unes aux autres. Ces espèces d'avenues se dirigent ordinairement de l'Est à l'Ouest ou du Nord au Sud (1).

De même que dans les enceintes druidiques les pierres étaient quelquefois remplacées par des remparts ou fossés en terre; on a aussi trouvé en Brétagne et ailleurs, mais assez rarement, des levées de terre parallèles dirigées de l'Est à l'Ouest et du Nord au Sud, qui offraient quant à cette disposition de l'analogie avec les alignements de pierres et semblaient en tenir lieu.

(1) M. Mahé, Essai sur les antiquités du Morbihan.

D'ANTIQUITÉS MONUMENTALES. 105

Localités. Les alignements de pierres les plus remarquables et les plus vastes que je connaisse sont ceux de Karnac et d'Ardven dans le département du Morbihan; comme il ne m'a pas encore été possible de les visiter, je vais vous présenter la description qu'en a donnée M. de Freminville dans un ouvrage que j'ai déjà eu l'occasion de citer.

« Les alignements de Karnac sont situés dans
« une vaste lande (voyez pl. IV. le plan dressé par
« M. de Freminville), à un quart de lieue du
« bourg de ce nom : ils consistent en plus de
« douze cents pierres brutes sur onze files pa-
« rallèles, et s'étendent du Sud-Est au Nord-
« Ouest sur une longueur de sept cent soixante-
« trois toises et une largeur de quarante-sept
« toises. A la tête des files, c'est-à-dire, vers
« l'extrémité Nord-Ouest, contre la métairie
« du *Menec*, est un demi cercle formé de pierres
« semblables, qui part de la première file et va
« se terminer à la onzième (1), de sorte que la
« perpendiculaire à la direction des alignemens
« forme son diamètre. Ce demi cercle qui tra-
« verse la métairie est composé de dix-huit
« pierres.

(1) Voyez ce cromleck au point marqué A sur la planche V.

« La majeure partie, ou si l'on veut, les
« trois quarts environ des pierres qui com-
« posent le bizarre assemblage des monuments
« de Karnac, sont de véritables *Menhirs* ou
« pierres plantées verticalement en terre, et
« dont les hauteurs varient autant que les for-
« mes. Les plus élevées ont dix-huit à vingt
« pieds de haut, beaucoup ont dix ou douze
« pieds, quelques-uns seulement quatre à cinq.
« D'autres enfin sont de gros blocs simplement
« posés, mais dont la masse est si énorme que,
« d'après le cubage, on évalue leur poids à soi-
« xante-dix ou quatre-vingt milliers.

« Quoique toutes ces pierres soient d'un
« granit fort dur, elles sont comme rongées
« par le temps; leurs fissures, leurs accidents
« divers, la mousse ou plutôt les lichens d'un
« vert pâle dont leurs sommets sont couverts,
« leur donnent l'aspect le plus étrange. Ce qu'il
« y a de plus singulier, c'est qu'un grand
« nombre de celles qui sont plantées en terre,
« le sont pour ainsi dire la pointe en bas, c'est-
« à-dire que leur volume est infiniment plus
« considérable à leur sommet qu'à leur base, et
« qu'elles paraissent portées comme sur pivot.
« Cette particularité paraît intentionnelle de
« la part de ceux qui les ont érigées, car

« naturellement on eût dû asseoir ces pierres
« sur leur extrémité la plus pesante et la plus
« massive, afin de leur donner plus de sta-
« bilité ; mais il est impossible de deviner
« quelle fut cette intention et quel en fut l'ob-
« jet.

« La main de l'homme qui seconde et hâte
« souvent trop bien les efforts destructeurs
« du temps, a renversé un grand nombre des
« pierres de Karnac ; ce nombre était autre-
« fois bien plus considérable qu'il n'est au-
« jourd'hui, puisqu'il s'élevait à plus de trois
« mille il y a environ soixante-sept ans. On en
« a abattu et employé beaucoup pour des
« constructions modernes. Dans plusieurs en-
« droits ces dévastations ont eu lieu au point
« que les files sont interrompues et séparées
« par d'assez grands intervalles. Mais on les
« retrouve toujours à quelque distance dans
« la même direction, jusqu'à ce qu'enfin
« elles se terminent au Sud-Est au-delà du
« moulin de *Kervarv*, en se dirigeant vers la
« Trinité.

« On est frappé d'étonnement, ajoute M. de
« Freminville, lorsqu'on aperçoit pour la pre-
« mière fois la plaine de Karnac avec ses bruyè-
« res sauvages, son horizon bordé de bois de

« pins, et surtout avec cette phalange de pierres,
« cette surprenante armée de rochers informes.

« Le nombre de ces pierres, leurs figures
« bizarres, l'élévation de leurs pointes grises,
« alongées et mousseuses, qui se dessinent
« d'une manière tranchante sur la noire bruyère
« dont la plaine est couverte, enfin la silen-
« cieuse solitude qui les environne, tout frappe,
« tout étonne l'imagination, tout pénètre l'ame
« d'une vénération mélancolique pour ces an-
« tiques témoins des événemens qui signalèrent
« des siècles si reculés.

« D'un peu loin ces pierres plantées debout
« apparaissent au voyageur comme l'assem-
« blage informe des ruines d'une ville. Mais
« lorsqu'en approchant on remarque la dis-
« position régulière de leurs masses brutes
« elles perdent cette apparence pour prendre
« celle d'une cohorte de géans pétrifiés.

— « Les alignemens d'Ardven sont disposés
« régulièrement sur neuf files parallèles, se di-
« rigeant encore du Nord au Sud dans un es-
« pace de près d'une demi-lieue d'étendue. Ces
« rangés de pierres présentent quelquefois des
« lacunes, parce qu'ici comme à Karnac on en
« a détruit beaucoup. Quelquefois aussi elles
« se trouvent interrompues par une haie, un

« fossé, un sentier, mais elles se retrouvent
« au-delà exactement coïncidentes et se conti-
« nuent ainsi jusqu'un peu au-delà du village
« de Kercouno, près des bords d'un étang. Il
« est à remarquer qu'en cet endroit, c'est-à-
« dire vers leur extrémité Sud, les alignements
« qui d'abord étaient directs, dévient un peu
« de cette direction et prennent une courbure
« sensible vers l'Ouest.

« De toutes les pierres qui les composent,
« les unes sont des *Menhirs* verticalement plan-
« tés en terre, d'autres d'énormes blocs posés
« simplement sur le sol. Si dans leur totalité
« ces pierres sont plus nombreuses qu'à Kar-
« nac, elles sont aussi en général moins éle-
« vées. Les plus hautes se voient aux deux ex-
« trémités des files, et n'ont guère plus de dix
« ou douze pieds, mais elles sont fort grosses.

« Le monument de Karnac nous offre la
« même singularité, les plus hautes pierres
« s'y voient aux deux extrémités des aligne-
« ments.

« On a vu qu'au commencement des aligne-
« ments de Karnac était une rangée de pierres
« disposées en demi-cercle, on n'en trouve pas
« de pareilles à Ardven ; mais on y remarque
« une autre particularité, c'est une ligne droite

« diagonale qui part de la première pierre de
« la tête des files et se dirige vers le bourg
« d'Ardven. Cette rangée diagonale est compo-
« sée de gros blocs de pierre posés à nud sur
« le sol, et à chacune de ses extrémités on
« trouve un *menhir.* »

Tels sont, Messieurs, les alignements les plus compliqués que je puisse vous signaler. Pour vous donner une idée des avenues plus simples et seulement composées de deux rangs de pierres, je vous présente (pl. III. fig. 10) une vue de celle de Plouhinec (Morbihan) que j'emprunte encore à l'ouvrage de M. de Freminville.

Elle se compose de pierres brutes assez régulièrement alignées dont les unes sont plantées debout et les autres simplement posées sur la surface du sol, comme à Karnac et à Ardven. Les deux files se dirigent du Nord au Sud sur une longueur de trente-cinq pas, et il règne entre elles un intervalle d'environ dix pas.

M. de Gervile a découvert à Tourlaville dans l'arrondissement de Cherbourg, une avenue de pierres, également composée d'un double rang de pierres brutes dirigé de l'Est à l'Ouest et long de cinquante pieds (1).

Dans le Cornouaille, en Ecosse, dans la Scan-

---

(1) Archives Normandes, premier volume, p. 160.

dinavie, le Nord de l'Allemagne et en Russie, il existe des alignements de pierres à peu près semblables à ceux que l'on rencontre en France.

Destination. On ne peut former que des conjectures sur la destination des alignements ; quelques personnes pensent qu'ils servaient comme les enceintes aux cérémonies religieuses et aux grandes assemblées politiques ; d'autres les regardent comme des tombeaux réunis dans une espèce de cimetière.

Enfin Borlase croyait que l'on avait voulu consacrer, par de semblables monuments, la mémoire des guerriers tués en combattant ; mais ces opinions diverses ne reposent sur rien de certain.

PIERRES GROUPÉES.

Je n'ai qu'un mot à vous dire des pierres groupées ; ce sont des peulvans ou des pierres posées réunies confusément en nombre plus ou moins considérable, et que l'on rencontre quelquefois dans les contrées où je vous ai indiqué d'autres monuments celtiques : leur destination n'est pas plus certaine que celle des pierres alignées et probablement la même.

ROCHES NATURELLES CONSACRÉES AU CULTE DRUIDIQUE.

Il paraît que les rochers dont la cime proéminente et les formes bizarres étaient propres à exciter l'étonnement ont aussi quelquefois été pour les Gaulois un objet de vénération, et quoique ce soient des monuments de la nature plutôt que des monuments celtiques, je ne dois pas les passer sous silence, puisqu'ils ont été appropriés et consacrées au culte druidique.

On ne peut faire que des conjectures sur les idées qui se rattachaient à ces idoles gigantesques : peut-être les honorait-on comme l'emblème de la force et de la durée.

*Localité*s. Je vais me borner à signaler quelques-unes de celles qui sont les plus remarquables.

Sur le bord de la Seine il existe auprès de Duclair une roche très-élevée, connue sous le nom de *chaise de Garguantua*, et au sujet de laquelle on débite plusieurs fables qu'il est inutile de vous rapporter (1).

Plus loin, près de Tancarville, à l'extrémité d'une enceinte retranchée que l'on croit gau-

---

(1) Je l'ai trouvée désignée dans une charte du xie. siècle, sous le nom de *curia gigantis*, chaise du géant. (*Note de M. A. Deville.*)

loise, et dont je vous entretiendrai bientôt, nous avons observé, M. Le Prévost et moi, une roche de craie, ayant la forme d'un énorme cul-de-lampe, qui est suspendue à une assez grande hauteur au-dessus du niveau de la Seine. Beaucoup de traditions fabuleuses et le souvenir de Gargantua (1) se rattachent aussi à cette roche que l'on appelle dans le pays la *pierre-Gante*, c'est-à-dire la pierre du géant.

On remarque dans la forêt d'Halouse, département de l'Orne, une roche naturelle qui semble avoir été dégrossie en forme de piédestal carré et qui est surmontée par une pierre plus petite ; elle présente ainsi la forme d'une pyramide tronquée, et paraîtrait avoir été consacrée au culte (2).

La *pierre couplée* du Gast près de Saint-Sever (Calvados), qui selon la tradition, recouvre d'immenses trésors, et qui est connue à dix lieues à la ronde, doit encore être rangée dans la même classe que les précédentes.

(1) Elle servait, dit-on, de siége à ce géant lorsqu'il venait se laver les pieds dans la Seine ; on nous a raconté beaucoup d'autres fables du même genre.
(2) Rapport de MM. de Touchet, de Vauquelin et Galeron, chargés par la société des Antiquaires de Normandie, d'explorer l'arrondissement de Domfront.

Cet énorme bloc de granit se trouve au milieu de beaucoup d'autres sur la pente d'un côteau, et comme il porte d'un côté sur le sol et de l'autre sur deux morceaux de granit placés à sept pieds de distance l'un de l'autre, il offre quelque ressemblance avec un *demi dolmen*; cette pierre a été décrite par M. Vaugeois dans le second volume de la Société des Antiquaires de Normandie, et il me suffit de vous l'indiquer.

Les rochers abruptes de Saint-Quentin, près de Falaise, où l'on a trouvé des instruments en silex, paraissent aussi avoir été anciennement l'objet d'une vénération particulière.

Il en est de même des rochers de quartz qui dominent le lit de la Vire à Campeaux (Calvados) d'une manière si pittoresque; leur couleur blanche attire de loin les regards du voyageur; ils sont couronnés par une espèce de cippe qui ressemble à un autel, et donnent lieu à plusieurs traditions fabuleuses. On a trouvé près d'eux en 1806 un grand nombre d'instruments en bronze, ainsi que le moule dans lequel ces instruments avaient été coulés, et les vestiges du fourneau où avait été fondu le métal qui les formait.

Mais à moins que l'on n'ait découvert des objets évidemment celtiques, et qu'il n'existe des traditions fabuleuses comme à Campeaux, à Saint-Quentin, etc., etc., on ne peut être fondé à regarder les roches naturelles comme ayant été consacrées au culte druidique, et même avec ces motifs il faut être très-sobre de pareilles conjectures. On ne peut trop déplorer l'aveuglement avec lequel certains antiquaires de l'ancienne école ont multiplié les monuments celtiques aux dépens de la vérité et de la raison.

En Angleterre quelques rochers sont aussi regardés comme ayant servi d'idoles aux Druides; telle est entre autres dans le comté de Cornouailles, la roche appelée *Cheese Wring*, qui se compose de huit grosses pierres superposées, formant une pyramide naturelle de soixante-douze pieds de hauteur (1).

OUVRAGES OBSERVÉS SUR QUELQUES PIERRES DRUIDIQUES.

Figures en creux ou en relief. Un petit nombre de pierres celtiques portent des figures gravées en creux ou en relief, que plusieurs antiquaires

---

(1) Voy. *The Beauthies of Cornwall*, où cette pyramide est gravée.

ont regardées, vraisemblablement à tort, comme des hyérogliphes ; il est impossible de savoir dans quel but ces figures ont été tracées, et peut-être quelques-unes sont-elles moins anciennes que les monuments qui les portent.

Trois ou quatre exemples suffiront pour vous faire connaître en quoi elles consistent. A Saint-Sulpice-sur-Rille, près de l'Aigle, on remarque sur l'un des supports de la table d'un dolmen, trois petits croissants gravés en creux et disposés en triangle.

Près de Lock-Maria-ker (Morbihan) il existe un dolmen dont la table est couverte en-dessous d'excavations rondes d'un pouce et demi de largeur, disposées symétriquement en cercles, ce qui donne au tout l'apparence de la surface d'un crible (1).

Dans la même commune on cite un autre dolmen dont un des supports est chargé de moulures verticales, arquées par le haut, et rangées par lignes les unes au-dessus des autres.

Les sculptures les plus compliquées que l'on ait découvertes en Brétagne sur des pierres druidiques, se trouvent à l'intérieur d'une cel-

---

(1) Antiquités de la Brétagne, par M. de Freminville, première partie, p. 28.

lule placée à l'extrémité de l'allée couverte dont je vous ai déjà parlé (voir p. 86 et pl. II, fig. 5), et qui est située près du golfe du Morbihan. Elles se composent de cercles, de croissants et de plusieurs autres figures inscrites dans des encadrements de différentes formes. La représentation de ces bizarres sculptures a paru dans le VIII° volume de la Société des Antiquaires de France, où vous pourrez l'examiner (1).

Bassins. J'ai dit un mot (page 76) des rigoles pratiquées sur la table de quelques dolmens ; il me reste à parler de cavités plus considérables qui ont été appelées *bassins de pierre* par les antiquaires anglais (2). Ces bassins sont ordinairement arrondis, et les plus grands offrent un diamètre de deux, trois et quatre pieds, avec une profondeur proportionnelle. On en a vu jusqu'à quatre creusés dans la même pierre.

Plusieurs cavités semblables ont été remarquées en Angleterre sur des blocs placés dans des cercles druidiques, et auprès de quelques dolmens, ce qui a fait supposer qu'ils avaient pu contenir de l'eau pour les sacrifices.

---

(1) Voyez aussi l'ouvrage de M. de Freminville, première livraison.

(2) V. le douzième volume de l'*Archæologia*.

D'autres bassins creusés dans des pierres en forme de cône tronqué, (v. pages 73, 74), au haut de quelques pierres pyramidales, ou au sommet de certains rochers consacrés au culte druidique, paraîtraient avoir servi de vases grossiers pour déposer des offrandes.

Pierres trouées. Quelques pierres druidiques (peulvans, dolmens et autres) sont percées de part en part de trous arrondis et quelquefois carrés, d'un diamètre plus ou moins considérable; tel est l'un des supports du dolmen des bois de Tries, dont je vous ai déjà parlé (v. pl. II, fig. 2).

Le docteur Borlase a remarqué plusieurs pierres trouées en Angleterre; il rapporte que dans certaines localités on faisait passer les enfants dans ces cavités pour les empêcher d'être rachitiques, et que des hommes de tout âge pratiquaient avec confiance le même remède pour la guérison des douleurs.

Telles sont, Messieurs, les généralités que j'avais à vous présenter sur des monuments qui pour la plupart sont désignés assez ordinairement sous le nom de *pierres druidiques*. Avant de passer à l'examen d'une autre classe d'antiquités celtiques, permettez-moi de vous faire remarquer que ces pierres (peulvans, dolmens et autres) ont été l'objet d'un culte superstitieux long-temps après l'introduction du Christianisme, aussi bien que les arbres et les fontaines. Les actes de plusieurs conciles en font foi : « Si des « infidèles (dit un canon du concile d'Arles « tenu vers 452) allument des flambeaux ou « révèrent des arbres, *des pierres* ou des fon- « taines, et que l'évêque néglige d'abolir cet « usage dans son diocèse, il doit savoir qu'il « est coupable de sacrilége. »

Le vingt-deuxième canon du concile tenu à Tours en 567 enjoint aux pasteurs « de chasser « de l'église tous ceux qu'ils verront faire de- « vant *certaines pierres*, des choses qui n'ont « pas de rapport aux cérémonies de l'église, et « ceux qui gardent les observances des gentils. »

Plusieurs autres conciles se prononcent à peu près de la même manière contre l'adoration des pierres, et celui de Nantes (tenu dans le VIIe. siècle) ordonne de les enfouir profondément pour qu'elles ne puissent jamais être retrouvées. Malgré toutes ces recommandations les mêmes abus existaient encore dans le IXe. siècle, ainsi que le prouvent les capitulaires de Charlemagne.

« A l'égard des arbres, *des pierres* ou des « fontaines (dit ce prince), où quelques in- « sensés vont allumer des chandelles et prati- « quer d'autres superstitions, nous ordonnons

« que cet usage soit aboli; que celui qui, suf-
« fisamment averti, ne ferait pas disparaître de
« son champ les simulacres qui y sont dressés,
« ou qui s'opposerait à ceux qui auraient reçu
« l'ordre de les détruire, soit traité comme
« sacrilége. »

Il serait facile de multiplier les citations de ce genre; on pourrait même prouver que la vénération dont certaines pierres ont été longtemps l'objet, n'est pas entièrement perdue de nos jours (1), et sans doute nous trouverions bien plus de traces encore des anciennes superstitions, s'il restait un plus grand nombre de monuments celtiques, et si l'on n'avait adroitement substitué d'autres croyances aux ancien-

---

(1) La pierre levée de Colombiers (v. pl. III, fig. 1, et la page 67) donne lieu à des pratiques assez ridicules : les jeunes filles qui désirent se marier doivent, selon la tradition, monter sur la pierre, y déposer une pièce de monnaie, puis sauter du haut en bas. On m'a assuré que quelques jeunes filles se soumettent à cette épreuve lorsqu'elles croient n'être aperçues de personne.

— M. le baron de Montbret, membre de l'Institut, ayant visité en 1820 un dolmen situé près de Guérande, trouva dans les fentes de cette pierre des flocons de laine couleur de rose, liés avec du clinquant; on lui dit dans le pays que ces objets avaient été confiés à la pierre, par des jeunes filles, dans l'espoir d'obtenir la faveur d'être mariées dans l'année, et que ces dépôts se faisaient toujours en cachette des curés. (*Troisième rapp. sur les trav. de la soc. des Ant. de France.*)

nes. Telle fontaine qui était en vénération depuis les temps les plus reculés a été placée sous l'invocation d'un saint, et quelquefois la croix a été plantée dans des lieux où des pierres avaient attiré pendant long-temps le respect et l'adoration de nos pères (1).

(1) Il paraîtrait que très anciennement plusieurs peuples Orientaux auraient eu comme les Celtes un respect religieux pour les pierres ; M. King s'est livré sur ce sujet à des recherches curieuses et très-étendues. (V. son ouvrage premier volume.)

Les Hébreux eux-mêmes avaient du penchant pour le culte des pierres et pour les pratiques superstitieuses qui s'y rattachent, puisque Moïse leur défendait de les adorer. *Nec insignem lapidem ponetis in terrâ vestrâ ut adoretis eum* (Lev. cap. 26, v. 1.).

CHAPITRE V.

On appelle *tumulus* des monticules artificiels élevés sur la cendre des morts. — Ce que l'on sait de plus précis relativement à ces éminences est dû aux recherches et aux explorations des antiquaires Anglais. — Classification des *tumulus* basée sur leur forme extérieure ; ils peuvent être rapportés à sept espèces principales. — Leur disposition intérieure offre des particularités très-remarquables ; elle n'est pas la même dans tous. — Deux modes d'inhumation usités dans les *tumulus* ; suivant l'un on enterrait le corps entier ; on le réduisait préalablement en cendres suivant l'autre. — Instruments, bijoux et autres objets découverts dans les *tumulus*. — Indication de plusieurs localités où il existe de pareils monuments en Normandie. — Description de quelques-uns de ceux qui se rencontrent dans ce pays, en Angleterre et dans d'autres contrées. — Difficulté de fixer l'époque à laquelle on a cessé d'élever des *tumulus* en Gaule. — Il y en a qui ne remontent pas au-delà de l'établissement des Romains dans ce pays ; plusieurs pourraient être encore moins anciens. — A ces exceptions près les *tumulus* paraissent antérieurs à la conquête de la Gaule.

TUMULUS.

Les *tumulus* consistent dans des monceaux de terre ou de cailloux qui varient de formes et de dimensions. Quoique simples et grossiers ces monuments funéraires des premiers âges de la société survivent aux tombeaux magnifiques des siècles les plus éclairés.

L'usage d'élever de semblables monticules sur la dépouille mortelle des hommes distingués paraît avoir existé chez la plupart des anciens peuples ; les voyageurs ont observé des éminences tumulaires dans l'Orient, la Scythie asiatique, la Grèce, etc., etc.; mais nulle part on n'en voit un plus grand nombre que dans l'Europe septentrionale.

En Normandie, et généralement par toute la France, les *tumulus* se rencontrent principalement dans les landes et les autres terres que l'agriculture n'a point encore conquises ; mais on ne s'est pas beaucoup occupé de les décrire, et les fouilles qui ont été faites dans plusieurs départements ont produit peu de résultats pour la science, parce qu'elles ont été dirigées par des personnes qui n'ont pu s'entendre ni se communiquer leurs observations.

C'est en Angleterre que les *tumulus* ont piqué le plus vivement la curiosité, et qu'ils ont été explorés avec le plus de soin. Plusieurs antiquaires, parmi lesquels il faut citer en première ligne sir Richard Colt Hoare, n'ont rien négligé pour acquérir des notions parfaitement exactes sur leurs formes, leurs dimensions et leurs dispositions intérieures, ils en ont fait ouvrir un nombre considérable, et c'est à leurs mémorables travaux comparés à ceux de quelques antiquaires français, qu'on doit ce que l'on sait aujourd'hui sur ces monuments funèbres.

Je vais commencer par vous faire connaître les principales espèces de *tumulus* qui ont été observées en Angleterre, et la nomenclature dont se servent les antiquaires anglais pour les distinguer.

1°. LE TUMULUS BOULE (bowl-barrow) (1), ainsi nommé à cause de sa forme ronde obtuse, est celui qui paraît le plus commun en Angleterre; il est quelquefois entouré d'un petit fossé.

2°. LES TUMULUS LARGES ressemblent beaucoup aux *tumulus* arrondis, mais leur diamètre est beaucoup plus considérable.

Ils n'ont parfois que quinze à vingt pieds de hauteur sur cent, cent cinquante ou deux cents pieds de largeur.

3°. LES TUMULUS ALLONGÉS ressemblent quel-

(1) Le mot anglais *Barrow* s'applique en Angleterre à tous les *tumulus*; cependant on désigne plus particulièrement sous le nom de *Cairn* ceux qui sont composés de pierres sèches.

quefois à la moitié d'un œuf coupé sur la longueur, qui serait posée sur le côté plat, et dont la partie convexe serait en-dessus. On n'a trouvé qu'un petit nombre de *tumulus* allongés dont les extrémités eussent un diamètre égal. L'une d'elles est ordinairement plus haute et plus large que l'autre et tournée du coté de l'Est, tandis que la plus étroite est dirigée vers l'Ouest ; le diamètre des deux extrémités est même si différent dans quelques - uns de ces *tumulus*, que leur plan se rapproche de la forme triangulaire.

Les *tumulus* allongés, au lieu de présenter une forme ovale irrégulière, sont dans quelques localités, trois, quatre ou cinq fois plus longs que larges ; on y remarque alors assez souvent des dépressions vers le centre (voyez la pl. VI, fig. 4).

Le plus ordinairement, les *tumulus* allongés se rencontrent isolés sur des éminences ; très-rarement on en a trouvé plusieurs rangés sur une même ligne ; quelques-uns sont encadrés dans des groupes de *tumulus* d'une autre forme.

Les *tumulus* allongés et les *tumulus* larges sont assez ordinairement formés de pierres sèches, et ce sont eux principalement qui renferment quelquefois des galeries ou passages souterrains conduisant à des niches sépulchrales.

4°. Les petits tumulus coniques étaient autrefois très-communs en Angleterre, mais ils ont été nivelés en grande partie par la charrue, et on ne les retrouve plus aujourd'hui que dans les terres incultes. Ils sont ordinairement faits en terre ; leur diamètre excède rarement trente pieds, et il n'est parfois que de quinze à vingt pieds ; plusieurs sont entourés d'un petit fossé.

5°. Le tumulus géminé consiste, comme le nom l'indique, en deux *tumulus* accolés, renfermés dans une même enceinte. Il est probable que ces *tumulus* recouvrent deux personnes unies par l'amitié ou par les liens du sang ; ils sont d'ailleurs beaucoup plus rares que les autres.

6°. Le tumulus en forme de cloche est commun dans les environs de Stone-Henge en Angleterre. Sir R. Hoare le regarde comme moins ancien que les précédents à cause de sa forme plus symétrique.

7°. On rencontre encore en Angleterre des *tumulus* qui se distinguent des autres sous plusieurs rapports ; ils sont entourés d'un fossé creusé avec beaucoup de régularité ; et leur pente est quelquefois garnie d'une allée ou terrasse ; de plus, on a fréquemment découvert à l'intérieur du tertre, des coupes, des colliers et quelques autres ornements. Le docteur Stukeley les avait désignées sous le nom de *tumulus druidiques*, pensant que les objets d'art qu'ils renferment pouvaient avoir appartenu aux prêtres druides ; mais cette opinion a été combattue avec beaucoup d'avantage par Sir R. Hoare, suivant lequel les objets découverts dans ces *tumulus* paraissent bien plutôt convenir à des femmes qu'à des prêtres (1).

Telle est la classification établie par les antiquaires anglais, d'après la forme extérieure des *tumulus*. Quant aux dimensions de ces monuments, elles sont très-variables ; on connaît des *tumulus* de presque toutes les grandeurs, depuis ceux qui n'ont pu être élevés sans des travaux considérables jusqu'à ces petits *tumulus* qui n'ont pas plus de quatre pieds d'élévation sur un diamètre de quinze à vingt pieds à leur base.

L'intérieur des *tumulus* est beaucoup plus curieux que l'extérieur ; il est très-rare que les matériaux qui forment l'éminence soient

(1) *Archeologia*, tome xix, p. 43 et suivantes.

amassés sans précaution sur les restes du défunt. Ces restes se trouvent ordinairement au centre du tertre, tantôt dans une espèce de loge formée de plusieurs grandes pierres, tantôt simplement déposés au milieu d'une excavation pratiquée dans le sol sur lequel le *tumulus* est élevé. Dans quelques *tumulus* d'une grande dimension on remarque plusieurs loges ou chambres sépulcbrales; dans d'autres on accède à ces espèces de caveaux par des corridors dont le toît est grossièrement voûté et quelquefois formé de grosses pierres comme celui des allées couvertes.

Relativement au mode d'inhumation usité par les Celtes, il paraît qu'ils confiaient les corps entiers à la terre ou qu'ils les réduisaient préalablement en cendres.

Le premier mode est le plus simple et le plus naturel, il doit conséquemment être le plus ancien; mais on a de bonnes raisons pour croire que l'usage d'enterrer les cadavres entiers a continué concurremment avec celui de les brûler.

Dans les *tumulus* que l'on croit les plus anciens, les jambes et les genoux des cadavres sont ployés sur le corps, et la tête est placée vers le Nord. Dans d'autres que l'on suppose moins anciens et même postérieurs à ceux dans lesquels on trouve des cendres, parce qu'ils contiennent des instruments en fer, le corps est étendu dans toute sa longueur, et la tête placée indifféremment dans plusieurs directions.

On distingue aussi deux époques dans les *tumulus* qui renferment des cendres; d'abord les restes du mort furent placés dans un petit creux pratiqué au milieu de l'aire du *tumulus*, plus tard on les déposa dans un vase en poterie grossière. Il est à remarquer que l'ouverture de cette urne est souvent tournée en-dessous et enclavée dans la cavité pratiquée au centre de l'aire ; on n'en a trouvé qu'un petit nombre dont l'ouverture fût en-dessus.

En résumant ce qui précède, il paraîtrait que d'abord on enterra le corps entier avec les jambes ployées ; qu'ensuite l'usage de brûler les morts s'introduisit et subsista concurremment avec le premier mode d'inhumation ; qu'enfin plus tard on enterra les cadavres sans les brûler et en les étendant sur toute leur longueur. Il n'est pas possible d'établir un ordre chronologique plus précis, et celui que j'indique d'après Sir Richard Hoare est même assez peu certain.

Plusieurs inhumations ont quelquefois été faites dans le même *tumulus*, et l'on croit que quelques-uns de ces monuments pouvaient être des tombeaux de famille (1). Dans d'autres on a découvert une quantité considérable d'ossements confusément entassés, d'où l'on a supposé qu'ils contenaient des guerriers tués dans un combat.

Plusieurs *tumulus* ne renferment que des squelettes ou des cendres, mais il est plus ordinaire d'y trouver en même temps quelques objets qui attestent la simplicité des mœurs ou les idées superstitieuses de l'époque.

Ainsi les notions grossières et mal dirigées des Celtes sur l'immortalité de l'ame, les portaient à enterrer avec les morts une partie de ce qui leur avait appartenu, comme je l'ai dit en parlant des croyances religieuses des Gaulois (voyez page 34). C'est ce qui explique pourquoi on trouve quelquefois dans les *tumulus*, des ossements de chien, de cheval ou d'autres animaux domestiques, des cornes de cerf et des défenses de sanglier, emblême des succès obtenus à la chasse, etc. Parmi les autres objets qui s'y rencontrent on peut citer des poignards et des hachettes en silex ou en bronze; des pointes de flèches en silex et en os ; des anneaux et des épingles en bronze; des ornements en

---

(1) Cette remarque s'applique principalement aux *tumulus* munis de galeries et à ceux qui renferment plusieurs tombes ou caveaux.

or et en pierre de couleur; des colliers d'ambre, de jais, de verre, de corne, etc.; et des morceaux de pierres magnésiennes (*pierre ollaire*, *serpentine*, etc.) auxquelles les Celtes attachaient une vertu particulière.

Les poteries que l'on a découvertes dans les *tumulus* sont de trois espèces.

Les unes fort grandes ont servi à renfermer les cendres du défunt.

Les secondes plus petites et d'une forme différente se trouvent plus particulièrement à la tête ou aux pieds des morts enterrés en entier; elles paraîtraient avoir contenu des aliments, ce qui a fait supposer que les Celtes en déposaient dans les tombes de leurs morts comme le font encore plusieurs nations sauvages.

Les autres vases trouvés dans les *tumulus* se distinguent par des formes et des ornements bizarres. Ils sont d'une petite dimension; on croit qu'ils étaient remplis de parfums et qu'ils ont été suspendus.

Une grande partie de ces vases sembleraient avoir été formés à la main, avant que l'usage du tour fût adopté; ils sont peu solides et mal cuits. Dans quelques *tumulus* on a cependant trouvé des poteries beaucoup mieux faites, et dont plusieurs même paraissent de fabrique romaine.

Localités. On a reconnu en Normandie une

cinquantaine de *tumulus* dont sept ou huit seulement ont été ouverts. Ce sont, pour la plus part, des *tumulus* larges, des *tumulus* allongés et des *tumulus* coniques.

Le grand *tumulus* de Fontenay-le-Marmion, près de Caen, est un des plus curieux que je puisse vous signaler, et celui sur lequel je réclame d'abord votre attention. Il est formé de pierres sèches tassées les unes sur les autres, et de la classe de ceux que nous avons désignés sous le nom de *tumulus larges* (1). Son diamètre actuel, vers la base, est d'environ cent cinquante pieds; mais il a dû être plus considérable, car on a pris tout autour beaucoup de pierres pour la réparation des chemins de la commune. Il paraît aussi, d'après le témoignage des hommes les plus âgés du pays, qu'autrefois ce monument était garni de blocs

(1) Quoique j'aie visité plusieurs fois le *tumulus* de Fontenay, je ne pourrais donner sur ce monument des détails aussi précis que ceux qui vont suivre, sans l'obligeance avec laquelle M. Deshayes a mis à ma disposition les notes qu'il a prises sur les lieux au moment où il surveillait, conjointement avec M. de Touchet, les travaux d'exploration entrepris aux frais de la société des Antiquaires de Normandie. Je saisis cette occasion pour féliciter MM. Deshayes et de Touchet du zèle qu'ils ont apporté l'un et l'autre à remplir la mission dont la Société les avait chargés. M. Deshayes prépare une description du *tumulus*, elle ne peut manquer d'offrir beaucoup d'intérêt.

de grès qui ont été successivement transportés ailleurs et employés à faire des bornes.

Quoi qu'il en soit, les fouilles entreprises dernièrement aux frais de la Société des Antiquaires de Normandie ont fait voir que cette éminence, dont la hauteur n'est plus aujourd'hui que de vingt à vingt-cinq pieds, renferme plusieurs caveaux ou loges sépulchrales grossièrement arrondies, dont les murs construits en pierres plates et brutes superposées, sans aucune espèce de ciment ni de mortier, s'élèvent en se rétrécissant. On peut hardiment admettre que ces tombes présentaient dans l'origine des voûtes à peu près coniques ; mais aujourd'hui elles sont toutes plus ou moins tronquées, et ressemblent, sauf quelques différences, aux fours à chaux que l'on établit par fois dans nos campagnes.

Toutes ont été trouvées encombrées de pierres plates comme celles des murs, et qui vraisemblablement provenaient de la rupture du faîte. Après l'enlèvement de ces décombres, on a constamment découvert, à une profondeur de dix à douze pieds, une couche d'argile épaisse de vingt-cinq à trente pouces, dans laquelle reposaient des ossements humains brisés, dont les uns avaient éprouvé l'action du feu, tandis que les autres étaient dans leur état naturel. On n'a pas trouvé de cendres dans cette argile, et les murs des tombes ne présentent aucunes traces de feu. Dix caveaux ont déjà été ouverts, ils sont tous à peu près semblables et de dimensions peu différentes, le plus grand ayant quinze pieds de diamètre à sa base, et une hauteur de quatorze pieds et demi dans son état actuel, et le plus petit présentant douze pieds de diamètre dans sa plus grande largeur, sur onze pieds d'élévation.

Une circonstance bien remarquable, et que nous retrouverons dans quelques autres monuments de même espèce, c'est que chaque tombe est munie d'une allée couverte ou galerie souterraine tournée vers la circonférence du *tumulus* ; ces espèces de corridors sont construits très-simplement : deux murs parallèles en pierres sèches supportent de grandes dalles en grès assez mal ajustées, dont quelques-unes ont six à sept pieds de longueur, sur une largeur de trois à quatre pieds et une épaisseur de vingt-cinq à trente pouces. Quelques-unes de ces galeries ont été détruites en partie par les habitants ; les moins endommagées, au nombre de deux, offrent encore vingt-deux pieds de longueur ; les autres n'ont plus que huit à dix pieds ; le diamètre de l'ouverture carrée de ces allées varie depuis deux pieds et demi jusqu'à quatre pieds.

Selon les observations de M. Deshayes et le

plan qu'il a dressé, les caveaux sont disposés dans le *tumulus* avec quelque symétrie.

Six tombes placées vers le centre, sont disposées sur deux lignes parallèles, dirigées du Nord au Sud et séparées par un intervalle de quatorze pieds.

Six autres caveaux forment deux lignes transversales aux extrémités des rangées précédentes,

A la vérité deux de ces six dernières tombes n'ont pas encore été mises à découvert, mais bien des raisons font supposer qu'elles existent dans les intervalles inexplorés; si cette supposition était fondée, comme tout semble l'annoncer, le nombre total des caveaux serait porté à douze, dont la figure que je présente indiquerait approximativement la disposition :

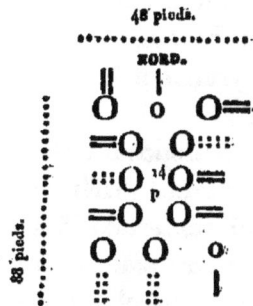

Nota. Les tombes qui n'ont pas été ouvertes et dont l'existence n'est pas absolument prouvée, sont indiquées par l'O minuscule ; les galeries qui n'ont pas été déblayées sont marquées par des points.

Malgré le soin avec lequel les recherches ont été faites, on n'a trouvé dans les tombes aucun instrument en métal; les seuls objets d'art que l'on ait rencontrés sont une petite hache en pierre verte et deux vases en terre noire, d'une forme singulière, qui paraissent avoir été formés à la main sans le secours du tour (1).

L'un de ces vases a cinq pouces huit lignes de hauteur, l'autre n'a guère que quatre pouces et demi. A deux pouces au-dessous du collet et sur le renflement du premier, on remarque deux bourrelets placés à une distance égale l'un de l'autre, et percés chacun de quatre petits trous qui paraissent avoir été destinés à recevoir des cordes sans doute placées en guise d'anses pour suspendre le vase.

Le second présente aussi deux bourrelets munis de deux trous chacun; mais au lieu d'être en dehors ils se trouvent à l'intérieur, tout près de l'orifice.

Ces vases étaient déposés avec précaution au fond de deux tombes différentes dans la couche d'argile qui renfermait les ossements humains; le plus grand était renversé et entouré de quatre pierres plates disposées en

(1) On a découvert à la vérité quatre ou cinq médailles romaines à côté d'un squelette presqu'entier; mais ce dépôt qui était à une profondeur peu considérable au milieu des pierres du *tumulus*, a paru postérieur à la construction des caveaux.

carré; l'autre se trouvait dans le sens naturel : il contenait quelques ossements et la hache en pierre verte dont j'ai déjà parlé.

La Société des Antiquaires de Normandie publiera dans le sixième volume de ses Annales une relation des fouilles qu'elle a fait exécuter à Fontenay-le-Marmion, ainsi que plusieurs planches représentant l'intérieur du *tumulus* et les galeries qui accèdent aux caveaux. Dès ce moment vous pouvez examiner dans le musée de la Société, le modèle en relief d'une des tombes centrales (1).

On voyait, il y a vingt ans, à l'extrémité septentrionale des marais de Chicheboville et de Bellengreville (Calvados), des *tumulus* en pierres sèches, moins considérables, mais à peu près de la même forme que celui de Fontenay, qui ont fourni pendant plusieurs années des matériaux pour la réparation d'une route voisine (2). L'emplacement d'un de ces *tumulus* est encore visible aujourd'hui près du canal qui sépare le marais de Bellengreville de celui de Chicheboville; il n'avait pas moins de quatre-

(1) Ce modèle qui donne une idée très-exacte de la partie du *tumulus* qu'il représente, est dû à M. le ch^{er}. de Touchet, membre de la commission chargée de diriger les fouilles de Fontenay.

(2) Renseignements communiqués par M. le baron Huc de Matban, maire de Chicheboville, qui a vu détruire ces monceaux de pierres.

vingt pieds de diamètre, et l'on remarque encore, vers le centre, de grosses pierres renversées qui paraissent avoir formé une niche sépulchrale. Anciennement j'avais distingué un peu plus loin, au Nord - Ouest, de la portion de marais qui appartient à la commune de Chicheboville, les débris de quatre autres *tumulus* à peu près semblables, et dont il ne reste plus aucunes traces.

Le *tumulus* de Colombiers, arrondissement de Bayeux, est situé au sommet d'un côteau qui borde la rive gauche de la Seule (1), à peu de distance d'une pierre levée dont je vous ai déjà parlé (page 67), et à deux cents pas d'une ancienne voie romaine qui paraît avoir remplacé un chemin gaulois (2).

Ce *tumulus* est formé de moëllons calcaires comme ceux dont je viens de vous entretenir; il est de la classe des *tumulus* très-allongés et dirigé de l'Est à l'Ouest. L'extrémité la plus large, qui est tournée vers l'Est, est haute de douze pieds; l'extrémité opposée ne s'élève qu'à quatre ou cinq pieds au-dessus du sol.

---

(1) Voir ma carte monumentale du département du Calvados.
(2) J'ai exposé dans ma Statistique monumentale du Calvados les raisons sur lesquelles je motive cette supposition.

La longueur actuelle du monument est d'environ cent-soixante pieds; il a cinquante pieds de largeur à sa base, vers le gros bout, vingt-cinq ou trente pieds au centre, et seulement douze à quinze pieds vers le petit bout. (v. la pl. VI, fig. 4).

On a découvert, il y a peu d'années, dans ce *tumulus* (v. le point B, fig. 4, pl. VI) cinq grosses pierres posées sur le champ et en rond, de manière à former une espèce de cuve dont le diamètre était de quatre pieds et demi et la profondeur de deux à trois pieds. Cette cavité renfermait une grande quantité d'ossemens humains dont plusieurs étaient à moitié brûlés (1). Elle n'était pas précisément au centre du *tumulus*, mais un peu rapprochée du bord septentrional.

La découverte précédente nous a tout récemment engagés, M. Gervais et moi, à faire pratiquer quelques fouilles (2); nous avons d'abord ouvert l'extrémité la plus large du *tumulus*, persuadés qu'elle renfermait les tombes les plus intéressantes; mais nous n'y

---

(1) Déclaration faite par le propriétaire du champ et par plusieurs témoins oculaires.

(2) M. Tiget, professeur de mathématiques à Caen, et dessinateur de la société des Antiquaires assistait à cette exploration.

avons rencontré rien de ce que nous espérions trouver ; seulement cette fouille nous a appris que les moëllons de la partie inférieure du *tumulus* étaient plus gros que ceux de la partie moyenne et de la partie supérieure, et que plusieurs étaient posés sur le champ au lieu de l'être sur le plat. Vers l'extrémité la plus étroite et la moins apparente du *tumulus* nos travaux ont eu un résultat plus satisfaisant; nous avons rencontré un cercle de pierres de cinq pieds de diamètre environ, et à peu près semblable à celui qui avait été découvert auparavant (1); il renfermait, au-dessous d'une couche de terre et de cailloux, des ossements humains brisés, dont plusieurs ont évidemment subi l'action du feu, et de la terre remplie de cendre. Vous pourrez visiter plusieurs échantillons de ces ossements dans le musée de la Société des Antiquaires où je les ai déposés.

On indique des *tumulus* à Ernes, arrondissement de Falaise; dans le canton de Troarn et dans dix ou douze autres localités du département du Calvados; mais je n'ai pas encore vérifié si ces indications sont exactes.

(1) On peut voir pl. VI. la place qu'occupaient dans le *tumulus* les deux niches sépulchrales dont je viens de parler; elles ont été figurées séparément sur la même planche : voir les points A et B.

M. de Gerville a remarqué quinze ou vingt monuments semblables dans le département de la Manche. La commune de Jobourg, arrondissement de Cherbourg, en présente à elle seule huit ou neuf de forme conique.

Près de Dieppe (Seine - Inférieure) l'enceinte retranchée connue sous le nom de *cité de Limes* renferme plusieurs petits *tumulus* dont l'assemblage forme une chaîne de monticules qui est dirigée du Sud Sud-Ouest au Nord Nord-Est, et qui a cent soixante-dix-neuf mètres de longueur; les monticules qui composent cette chaîne sont de forme conique obtuse; ils n'ont que quatre à cinq pieds de hauteur et s'appuient les uns sur les autres, excepté en deux points où la chaîne est interrompue; leur diamètre est d'environ vingt à vingt-cinq pieds. Plusieurs d'entre eux ont été explorés avec beaucoup de soin par M. Féret, de Dieppe, qui en a fait l'objet d'une description détaillée dans le troisième volume de la Société des Antiquaires de Normandie (1). Ces *tumulus*, les plus petits et les moins intéressants de tous ceux que j'ai à vous signa-

---

(1) Le mémoire de M. Féret a pour titre : Recherches sur le camp de César ou cité de Limes, monument voisin de la ville de Dieppe.

ler étaient formés de terre et de silex ; à leur centre M. Féret a trouvé presque constamment des cendres charbonneuses mêlées d'ossements brûlés et recouvertes d'une couche d'argile jaune ; mais il y avait beaucoup de confusion dans l'intérieur de ces petits tertres dont aucun ne présentait la disposition symétrique que l'on remarque ordinairement dans les *tumulus* d'un volume plus considérable. Outre une grande quantité de cendres et de charbon, les fouilles pratiquées par M. Féret ont mis à découvert de nombreux fragments de vases dont les uns avaient subi l'action du feu, tandis que les autres paraissaient ne l'avoir point éprouvée, des morceaux de fer, des anneaux en cuivre, une agraffe et quelques autres objets du même métal (1).

Dans la commune de Trouville en Caux, canton de Bolbec (Seine-Inférieure), M. Gaillard a observé un *tumulus* conique qui se trouve à cinq cents pas d'une route romaine, et tout près d'un lieu où l'on a découvert des sépultures antiques. Il existe un autre *tumulus* conique dans la commune de Bermonville, peu éloignée de la précédente. On cite encore plu-

(1) Mém. de la soc. des Antiq. de Normandie, vol. III, p. 59.

sieurs *tumulus* dans la Haute-Normandie ; mais il serait possible que ces éminences qui n'ont pas encore été soigneusement examinées fussent des *mottes* de châteaux du moyen âge, plutôt que des tombeaux gaulois; quoi qu'il en soit, elles sont situées au Montmain, canton de Boos; à Bures, près de Neufchâtel ; à Normanville et à Fauville, sur le bord d'une voie romaine allant de Lillebonne à Grainville ; à Banville-la-Cité, arrondissement d'Ivetot, etc. (1).

Un grand nombre de *tumulus* de différentes formes et de différentes dimensions ont été signalés en Picardie, en Brétagne, dans le Maine, l'Anjou, le Poitou, la Saintonge (2), et en général dans toutes les parties de la France; mais il serait trop long de vous indiquer exactement les localités où ils se rencontrent. D'ailleurs, presqu'aucuns d'entre eux n'ont été ouverts, et je préfère vous entretenir de quelques-uns de ceux qui ont été explorés en Angleterre.

(1) Renseignements communiqués par M. Le Prévost.
(2) Voir les ouvrages publiés sur les antiquités de ces différents pays, notamment ceux de MM. Traullé d'Abbeville, sur la Picardie ; de Freminville et Mahé, sur la Brétagne ; Pesche, sur le Maine ; Bodin, sur l'Anjou ; les Bulletins de l'Académie de Poitiers, sur le Poitou ; l'ouvrage de M. de Crazannes, et les Mémoires manuscrits de M. Moreau, sur la Saintonge ; ceux de M. Jouannet, sur le Bordelais, etc., etc.

Je vais choisir de préférence trois ou quatre de ceux dont l'intérieur est traversé de galeries souterraines comme le *tumulus* de Fontenay-le-Marmion, parce qu'ils me paraissent les plus curieux ; cependant on n'y a presque jamais trouvé que des ossements et quelques vases grossiers, et ils ne contiennent pas ordinairement d'objets d'art comme les *tumulus* en forme de cloche, les *tumulus boule* et les *tumulus coniques* en présentent quelquefois.

— A quatre milles de Drogheda, dans le comté de Meath, en Irlande, il existe un vaste *tumulus* dont le diamètre est de trois cents vingt pieds et la hauteur de soixante ; il est formé de pierres apportées de trois ou quatre lieues de distance, et dans l'origine il était entouré de blocs de roches qui le garnissaient comme des bornes.

On a découvert à quarante pieds de la base de ce monument l'ouverture d'une galerie ou corridor large de quatre pieds, haute de quatre pieds et demi, dont les parois étaient formés de grandes pierres plates posées sur le champ et recouvertes par d'autres pierres, absolument comme l'allée couverte observée près du Golfe du Morbihan par M. de Freminville (v. page 86); ce corridor avait soixante et un pieds de longueur. A treize pieds de l'entrée, la galerie n'avait plus que deux pieds d'ouverture au lieu de quatre ; mais après cet étranglement elle s'élevait progressivement jusqu'à huit ou neuf pieds de hauteur.

On trouva au bout de cette longue allée souterraine un caveau de forme octogone irrégulière, dont le diamètre était de neuf pieds, et dont le toît s'élevait à la hauteur de vingt pieds; c'était une espèce de dôme conique, grossièrement formé par la projection des pierres du mur les unes sur les autres.

Trois niches sépulchrales étaient attenantes à cet appartement comme des alcoves.

L'une d'elles à droite de l'entrée avait huit pieds de profondeur sur quatre pieds d'ouverture et six pieds de largeur au fond. Elle était formée de pierres brutes disposées comme celles de la galerie. Une autre niche placée du côté du Nord avait à peu près les mêmes dimensions que la précédente. Elle était construite d'après le même système.

Enfin l'alcove placée à l'Ouest offrait moins de profondeur, mais plus de largeur et de hauteur que les précédentes.

Un autre *tumulus* à galeries souterraines, existe près de Bath en Angleterre, où il est connu sous le nom de *Fairy's toote*. Il a cent cinquante pieds de l'Est à l'Ouest et soixante-quinze pieds du Nord au Sud ; conséquemment sa forme est ovale et il appartient à la classe des *tumulus* allongés. Il est composé de moëllons calcaires semblables à ceux qui sont répandus dans les environs. Ce fut en prenant des pierres à même cette éminence, pour la réparation d'une route voisine, qu'on découvrit en 1789 (1) une grande pierre qui fermait l'entrée d'une galerie longue de treize pieds ; ce corridor accédait à un caveau dans lequel se trouvaient un squelette humain et quelques ossements de quadrupèdes. Il y avait encore dans le même *tumulus* d'autres caveaux qui furent ouverts quelques années après.

Vous avez sans doute remarqué, Messieurs, combien il y a de rapport entre la distribution intérieure des deux éminences funéraires dont je viens de vous entretenir, et celle du *tumulus* de Fontenay-le-Marmion. Je pourrais vous citer bien d'autres monuments découverts dans l'île d'Anglezey, dans le pays de Galles (2), dans les autres parties de l'Angleterre, en Irlande, en Ecosse et dans les îles

(1) Voyez la relation qui se trouve dans le Gentleman's Magasine, vol. LIX, p. 392.
(2) Pennant's tour in Wales, deuxième volume.

Orcades (1), qui vous offriraient à peu près le même système de construction.

Je vais me borner à vous présenter encore la description d'un *tumulus* à galeries souterraines, un peu différent des autres, situé à *Vellow Stoney Litleton*, dans le comté de Sommerset, et qui a été exploré en 1816 par Sir R. Hoare (2).

Ce *tumulus* allongé avait cent sept pieds de longueur, cinquante-quatre pieds de largeur, et treize pieds de hauteur. Il était construit en pierres sèches, et au lieu d'être orienté comme la plupart des *tumulus* de la même forme, le gros bout était au Sud-Est et le petit bout au Nord-Ouest.

L'entrée de ce tombeau tournée vers le Sud-Est présentait, comme dans beaucoup d'autres *tumulus*, une espèce de porte formée de trois grosses pierres (pl. VI, fig. 1), et qui avait quatre pieds de hauteur ; une autre pierre en fermait l'entrée. Cette porte servait d'accès à une galerie droite longue de quarante-sept pieds six pouces, large de deux pieds et demi à quatre pieds et divisée en trois parties

---

(1) Mém. de la soc. des Antiquaires d'Ecosse séant à Édimbourg.

(2) V. le dix-neuvième volume de l'Archéologie Britannique, qui renferme une description et une vue de ce monument.

par trois *transeps* qui formaient trois niches ou alcoves de chaque côté de l'allée. Ces niches étaient à peu près les unes devant les autres, mais elles variaient de formes et de grandeurs, comme vous pouvez le voir par le plan que j'ai mis sous vos yeux (pl. V, fig. 2).

Les murailles étaient construites en pierres plates tassées les unes sur les autres sans ciment, et garnies de larges pierres brutes posées sur le champ (pl. V, fig. 1). La voûte de ce souterrain était à peu près conique et formée par la projection des pierres plates qui se recouvraient les unes les autres (voyez la pl. VI, fig. 2), système que l'on a rencontré dans presque tous les *tumulus*.

Celui de Wellow, dont je vous présente une vue intérieure (pl. V, fig. 1), ne renfermait aucun objet d'art.

Dans la loge A (voyez la pl. V, fig. 2) on remarqua des os de jambes et de bras; d'autres ossements étaient entassés et mêlés de terre dans la loge B.

On trouva en C, quatre machoires dont les dents étaient très-bien conservées; la partie supérieure de deux têtes dont le front était singulièrement plat, et beaucoup d'ossements, mais pas de squelette entier. Enfin dans la loge D on découvrit des os brûlés et des débris d'ossements qui paraissaient avoir appartenu à deux ou trois corps.

Il est donc certain que l'on avait employé les deux modes d'inhumation dans le *tumulus* de Wellow. Vous vous rappellez qu'on a fait la même remarque à Fontenay-le-Marmion et dans un grand nombre d'autres *tumulus.*

Forcé de passer sous silence tant d'autres *tumulus* de différentes formes et de différentes grandeurs, qui ont été soigneusement explorés en Angleterre, permettez-moi de vous recommander la lecture des mémoires publiés sur ces monuments par Sir R. Hoare, le docteur Stukeley, et plusieurs autres antiquaires d'un grand mérite. Vous y trouverez un nombre considérable de détails intéressants qu'il me serait impossible de vous présenter dans un cours élémentaire.

Il existe en Danemarck, en Suède (1), en Allemagne, en Russie, en Pologne (2), des *tumulus* pareils à ceux que nous rencontrons en France et en Angleterre.

Dans les déserts qui bordent le Sud-Ouest de la Sibérie, il existe aussi des monuments.

---

(1) Monumenta Danica, lib. 1, cap. vi.
(2) Brown travels through Germany, p. 146.

semblables dans lesquels on a découvert plusieurs objets en or, et qui sont désignés sur les anciennes cartes de Tartarie sous la dénomination de *tombeaux des rois tartares*. Les uns sont en pierre, les autres en terre ; quelquefois ils sont assez rapprochés pour former une espèce de chaîne. L'ancienneté de ces monuments paraît attestée par la nature des armes qu'on y a trouvées, surtout par les épées qui ne sont point en fer, mais en cuivre et qui ont été coulées dans des moules (1).

Plusieurs voyageurs ont aussi observé des *tumulus* en Syrie, dans la Turquie asiatique et dans quelques contrées voisines.

Ainsi les monuments funèbres des Celtes offrent des analogies frappantes avec ceux des nations de l'Orient; nous avons vu qu'il existait aussi des rapports fort remarquables entre leurs croyances religieuses et celles de ces anciens peuples.

Abordons, en terminant, une question difficile à résoudre, celle de savoir à quelle époque on a cessé d'élever des *tumulus* dans la Gaule.

D'abord, Messieurs, c'est un fait incontestable que quelques-uns de ces monuments sont

---

(1) Strahlenberg's description of the north and eastern parts of Europe and Asia, p. 325 et suivantes.

d'une date postérieure à l'établissement du gouvernement romain dans nos contrées, car on y a trouvé des médailles et des poteries romaines; d'autres sont placés le long des voies romaines et paraissent moins anciens que ces routes.

Au reste, rien ne prouve que les *tumulus* dont je parle soient l'ouvrage des Romains, comme plusieurs antiquaires l'ont avancé; il est plus naturel de penser qu'ils sont l'œuvre des Gaulois, et que ceux-ci qui, comme l'on sait, adoptèrent les mœurs du peuple vainqueur, conservèrent pendant long-temps quelques-uns de leurs anciens usages, surtout ceux qui touchaient aux cérémonies funèbres.

En effet, je ne sache pas que les Romains aient élevé de *tumulus* en Italie sur la cendre de leurs grands hommes, et nous n'avons pas d'autorités qui attestent qu'ils l'aient fait, dans les provinces de l'empire, excepté dans quelques circonstances extraordinaires comme après de grandes batailles; or, la même chose a eu lieu chez presque toutes les nations, et les *tumulus* érigés en pareille occasion sont faciles à distinguer des autres par le grand nombre d'ossements qu'ils renferment. Tel fut celui que Germanicus éleva six ans après la défaite des trois légions de Varus, lorsqu'il fit réunir les restes de cette malheureuse armée(1). A la vérité, Virgile parle dans son Énéide (liv. XI, v. 207) d'un tertre élevé sur les cendres de Pallas; mais évidemment il a voulu imiter Homère dans la description qu'il donne du tombeau de Patrocle; et d'ailleurs en supposant que ce passage du poëme latin pût faire autorité, ce que je suis loin d'admettre, il ne prouverait encore rien, puisqu'il s'agit de temps antérieurs à la fondation de Rome.

Quoi qu'il en soit, il me reste toujours à répondre à cette question : *A quelle époque a-t-on cessé d'élever des tumulus dans la Gaule ?* J'avoue, Messieurs, que je n'ai pas la prétention de la résoudre d'une manière absolue. Il est probable et j'aurais bien des motifs à citer à l'appui de cette assertion, que dès le second siècle de l'ère chrétienne on éleva peu de *tumulus*; mais en même-temps on a des raisons pour croire que quelques-uns sont d'une date postérieure ; on trouve même après l'introduc-

(1) Igitur Romanus qui aderat exercitus, sextum post cladis annum, trium legionum ossa, nullo noscente alienas reliquias an suorum humo tegeret, omnes ut conjunctos, ut consanguineos, auctâ in hostem irâ, mœsti simul et infensi condebant. Primum extruendo tumulo cespitem Cæsar posuit, gratissimo munere in defunctos, et præsentibus doloris socius. *Taciti Annal. lib.* 1, § 62.

tion du Christianisme quelques traces de l'ancien usage d'élever des tertres funèbres.

Sur la butte Saint-Gerbold, commune de Ver, arrondissement de Bayeux, on a découvert une grande quantité de cercueils en pierre dont plusieurs n'étaient pas enfouis dans la terre, mais engagés dans un vaste amas de pierres sèches élevé de trois pieds, et qui offrait quelque ressemblance avec la base d'un large *tumulus*.

D'un autre côté, suivant M. Witaker, l'usage d'élever des *tumulus* n'aurait été entièrement abandonné en Angleterre que vers le milieu du VIIIe. siècle, lorsque Cuthbert, archevêque de Cantorbery, obtint une loi pour établir des cimetières dans les villes.

Enfin, selon plusieurs antiquaires français, il ne serait pas surprenant que les Normands eussent élevé chez nous quelques *tumulus* dans les premiers temps de leur établissement, et lorsqu'ils n'avaient point encore embrassé le Christianisme. On n'a cependant pas encore observé de faits qui prouvent que cette supposition soit fondée.

Malgré les exceptions que je viens de mentionner, nous pouvons admettre comme règle générale qu'en Normandie et en Angleterre les *tumulus* remontent à une époque antérieure à l'occupation romaine.

Il n'entre pas dans le plan que je me suis formé, de vous entretenir des histoires fabuleuses que le peuple débite à l'occasion des *tumulus*. Je ferai exception en faveur d'une tradition recueillie par M. de Gerville, parce qu'elle paraît s'accorder avec des faits observés en Angleterre. Suivant cette tradition on aurait anciennement allumé, dans certaines circonstances, des feux sur les *tumulus* situés dans la commune de Jobourg, département de la Manche; or M. King, en parlant des anciens usages dont l'origine pourrait remonter jusqu'au temps des Druides, parle des feux qu'on allume sur des *tumulus* dans quelques parties de l'Angleterre, la veille du premier jour du mois de mai (1); ce rapprochement m'a paru assez curieux pour mériter de vous être présenté.

SÉPULTURES DIVERSES.

Quelques cercueils de forme carrée, ronde, ovale, etc., grossièrement formés de pierres plates posées sur le champ, et ensevelis sous la terre à une profondeur de deux à trois pieds, sont encore regardés comme des tom-

(1) Munimenta antiqua, préface, p. v.

beaux gaulois, parce qu'on y trouve des ossements humains dans le même état et accompagnés des mêmes objets d'art que ceux que l'on rencontre dans les *tumulus*. Quelquefois aussi on découvre des ossements simplement déposés dans la terre sans aucun ouvrage accessoire, mais avec des hachettes ou d'autres instruments qui annoncent l'époque celtique (1). Des sépultures de ce genre ont été exhumées sur plusieurs points de la Normandie.

Toutefois on s'est mépris en rapportant à l'époque celtique des cercueils construits avec la même grossièreté que ceux dont je viens de parler, mais qui appartenaient évidemment à l'époque romaine, à en juger par les objets d'art qui s'y touvaient renfermés.

(1) Une découverte semblable a été faite à Ecageul près de Mézidon, en 1828; on trouva à une profondeur de trois pieds, huit ou neuf squelettes très-endommagés, et dont aucun n'était parfaitement entier; l'un de ces squelettes, qui était placé à douze pieds de distance des autres, avait sous la tête trois anneaux de pierre ollaire et trois autres anneaux plus petits, de même matière sous les pieds. Les autres squelettes étaient placés côte à côte. (*Note communiquée à la Société des Antiquaires par* M. LE GRAND, D. M.)

CHAPITRE VI.

De l'architecture civile des Celtes d'après les historiens. — Résultats confirmatifs, et nouveaux documents obtenus par l'observation, en France et en Angleterre. — Souterrains, cavernes et autres excavations auxquelles on attribue une origine celtique dans ces deux pays. — Des lieux d'habitation des Gaulois. — Les *vici*, leur position. — *Oppida* ou places fortifiées. — Distinction fondamentale entre ceux qui ont été habités en tous temps, et les lieux de refuge occupés momentanément. — Position des *oppida*, architecture de leurs remparts. — Distribution présumée des maisons dans les *oppida-villes*. — Opinion de M. Dulaure sur les *oppida*. — En quoi elle est erronée. — Exposé et réfutation de quelques-uns des arguments de cet auteur. — Preuves de l'existence des *oppida-villes*, tirées des commentaires de César. Description de plusieurs *oppida* observés en Normandie et ailleurs. — Chemins, fossés et limites territoriales présumés d'origine celtique.

VESTIGES D'HABITATIONS.

A peine quelques dépressions du sol, quelques traces peu visibles de fondations grossières, viennent-elles révéler à l'œil scrutateur de l'antiquaire l'emplacement des maisons gauloises. Mais quelque peu caractérisés que soient ces vestiges, il suffit qu'ils aient été observés sur plusieurs points de la France occidentale pour qu'ils doivent faire l'objet de nos entretiens.

D'après Strabon les maisons gauloises étaient rondes, construites avec des poteaux et des claies. On les garnissait intérieurement de cloisons en terre; le tout était recouvert d'une toîture composée de bardeaux en chêne et de paille hachée mêlée d'argile (1).

Cette manière de bâtir n'existait pas seulement chez les Gaulois, on la trouvait aussi en Brétagne (2), chez les Germains (3), et même en Espagne et en Portugal (4).

Les observations faites en France et en Angleterre ont ajouté quelque chose au peu de notions que les historiens nous ont transmises ; elles ont prouvé que souvent les maisons des Celtes étaient de forme ovale plutôt que rondes

---

(1) Strabon, liv. IV.
(2) Ædificia fere Galicis consimilia. — Ces. de Bell. Gall., lib. V, cap. XII.
(3) Tacite de moribus Germanorum, cap. XVI. — Herodien vita Maximini imperatoris, lib. VII.
(4) Vitruve, liv. I, cap. I. Cet auteur nous apprend que sous Auguste la ville de Marseille n'avait pas encore de maisons couvertes en tuiles.

et parfois rectangulaires; qu'elles avaient aussi quelquefois des fondements en pierres sèches, qu'enfin plusieurs d'entre elles avaient été établies à un niveau plus bas que le sol environnant; soit pour éviter l'intempérie du climat, soit afin de ne donner aux murs qu'une élévation peu considérable.

Les maisons gauloises étaient en rapport avec la simplicité des mœurs; on croit qu'elles n'avaient qu'un seul étage, et quelques-unes, surtout chez les Belges, n'offraient qu'une ouverture servant à la fois de porte et de fenêtre.

Elles étaient toutes construites d'après un même système, mais elles différaient de dimensions. Le nombre et la grandeur des pièces devaient répondre au rang et à l'opulence des possesseurs.

Les riches Gaulois avaient toujours près d'eux leurs écuyers, leurs chevaux et un attirail qui devait nécessiter des logemens assez vastes. Ils plaçaient leurs habitations dans les bois (1), près d'une rivière ou sur une éminence. Au milieu des factions et des querelles intestines

---

(1) Telle était la maison dans laquelle se trouvait Ambiorix, chef des Eburons, lorsqu'il fut assailli à l'improviste par la cavalerie romaine; César décrit cette habitation de la manière suivante : *Ædificio circumdato Silvâ, ut sunt fere domicilia Gallorum,* de Bell. Gall., lib. vi, cap. xxx.

qui forçaient souvent les Gaulois puissants à se tenir sur la défensive, leurs maisons pouvaient devenir parfois des forteresses. Peut-être même avaient-ils soin de choisir des emplacements convenables pour la défense, et les bois ou les rivières près desquels ils cherchaient la fraîcheur, comme le dit César (1), pouvaient leur rendre au besoin de plus importants services. Plusieurs antiquaires pensent même que ces habitations des Gaulois puissants ont été entourées de remparts en terre à peu près comme nos plus anciens châteaux du moyen âge ; ils fondent cette conjecture sur ce qu'on observe dans plusieurs localités, surtout dans les forêts, des fosses et des éminences factices, dont l'origine est complètement inconnue.

Cette opinion peut être fondée, mais nous ne pourrions l'adopter sans sortir du domaine de l'archéologie positive pour entrer dans celui des conjectures ; car si les ouvrages dont nous parlons doivent être rapportés à une époque aussi ancienne, il est bien difficile, peut-être même impossible, de les distinguer de ceux qui ont été faits à des époques postérieures, dont je vous entretiendrai par la suite.

(1) Vitandi æstus causâ plerumque silvarum ac fluminum petunt propinquitates. De Bell. Gall., lib. vi, cap. xxx.

Localités. Près de Dieppe, à l'intérieur d'une vaste enceinte connue sous le nom de *Cité de Limes,* M. Féret a remarqué sur le sol des dépressions elliptiques qui paraissent être autant de traces d'habitations gauloises. Des fouilles pratiquées dans ces petites cavités en partie comblées ont mis à découvert des cailloux mêlés de charbon, des instrumens de cuivre, des fragments de poterie et un très-grand nombre d'écailles d'huîtres mêlées avec des ossements d'animaux. L'aire de ces espèces de cellules se trouvait à cinq ou six pieds au-dessous du sol environnant. L'une de celles qui ont été explorées présente une largeur de sept pieds sur une longueur de vingt-sept. La plupart des autres ont des proportions à peu près semblables, et leur forme plus ou moins irrégulière se rapproche de l'ovale.

Des vestiges d'habitations semblables ont été remarqués en France dans plusieurs autres localités.

Il existe aussi sur quelques points de l'Angleterre et dans l'île d'Anglezey des fondations de cabanes rondes ou ovales, en pierres brutes sans ciment, dont l'irrégularité paraît attester la haute antiquité. MM. King et Rowland n'hésitent pas à les regarder comme les restes des habitations occupées par les Brétons antérieurement à l'invasion romaine.

Des travaux exécutés dans la forêt d'Eu pour la confection de dix lieues de routes et de chaussées ont appris que le sol renferme des traces d'anciens édifices; la nature des matériaux grossiers qui les composent et l'absence du ciment portent M. Estancelin, membre de la société des Antiquaires de Normandie, à croire que ces constructions pourraient être d'origine gauloise. Elles présentent, dit-il, des faces de trente, quarante et soixante pieds sur une largeur de quinze à dix-huit pieds à peu près dans œuvre; il n'y a dans toutes qu'une seule entrée. Ces fondations se rencontrent à divers endroits dans toute l'étendue de la forêt d'Eu, mais plus particulièrement sur un point culminant entre les vallées d'Yères et de Brêle. Auprès de toutes ces ruines il existe des mares très-anciennes qui ne sèchent jamais (1). Il se peut, Messieurs, que les habitations observées par M. Estancelin soient gallo-romaines au lieu d'être celtiques; mais au moins nous pouvons les regarder comme une imitation du genre de bâtir

---

(1) Mémoire sur les antiquités de la ville d'Eu et de ses environs, par M. Estancelin; dans le deuxième volume de la société des Antiq. de Normandie, p. 20.

usité chez les Gaulois ; j'en connais d'à peu près semblables dans le département du Calvados (1).

Quelques antiquaires anglais font remonter jusqu'à une époque antérieure à la conquête de la Brétagne par les Romains, de petites forteresses observées dans les différentes parties de l'Angleterre; ils les regardent comme la demeure des anciens chefs brétons, opinion conforme à celle dont je vous parlais tout-à-l'heure (voyez page 159).

D'après la curieuse description que M. King a donnée de ces forteresses, elles sont le plus ordinairement sur des hauteurs, et défendues par un ou deux fossés (2). Elles renferment quelques traces de cellules arrondies; mais on en remarque un plus grand nombre hors de l'enceinte, de sorte qu'on ne peut guères douter, dit M. King, que les chefs brétons ne vécussent au milieu de leur tribu.

Le même auteur rapporte qu'on rencontre en Irlande de petites enceintes auxquelles on

---

(1) V. ma Statistique monumentale de ce département, première partie.

(2) *Munimenta antiqua*, premier volume, p. 77.

donne le nom de *Rath*, et qui, selon toute apparence, ont une semblable origine, quoique certaines traditions peu fondées les attribuent aux Danois.

D'après l'inspection qui a été faite de ces places, le nombre des cabanes ou huttes qui servaient à loger le chef et sa famille variait depuis quatre jusqu'à huit.

D'autres huttes plus nombreuses et disséminées irrégulièrement en-dehors de l'enceinte appartenaient probablement aux membres de la tribu réunis autour de leur chef. La plupart de ces chétives cabanes ne présentaient qu'une seule pièce ; quelques-unes seulement étaient divisées en deux parties. Le peu qui reste de leurs murs ressemble beaucoup aux levées de terre de nos fossés de clôture ; sans doute ils étaient surmontés de pieux et de claies qui supportaient un toit.

SOUTERRAINS, CAVERNES, EXCAVATIONS DIVERSES.

Il existe en France et en Angleterre des souterrains plus ou moins vastes, dans lesquels on pénétrait par des galeries percées sur la pente des coteaux, par des puits verticaux ou par d'autres issues secrètes. On croit que ces excavations ont été pratiquées par les Celtes pour se cacher lors d'un danger pressant et pour y retirer du blé ou d'autres provisions, comme les Germains le faisaient, d'après le témoignage de Tacite (1).

En effet, dans ces temps de barbarie, les peuplades sans lois se faisaient souvent la guerre, uniquement guidées par l'appas du pillage, et le plus fort vivait aux dépens du plus faible. Il fallait avoir recours à la ruse pour sauver du brigandage les choses de première nécessité et pour se dérober à la poursuite d'un ennemi d'autant plus redoutable que son attaque était souvent imprévue.

Localités. Un grand nombre de souterrains ont été observés en Picardie, dans plusieurs communes situées des deux côtés de la rivière de Somme (2). Ce sont pour la plupart des allées

---

(1) Solent subterraneos specus aperire, eosque insuper fimo onerant, suffugium hiemi, et receptaculum frugibus: quia rigorem frigorum ejusmodi locis molliunt: et si quando hostis advenit, aperta populatur; abdita autem et defossa, aut ignorantur, aut eo ipso fallunt, quod quærenda sunt. Tacit. de moribus germaniæ, cap. III.

(2) V. le vingt-septième volume de l'Académie Royale des Inscriptions et Belles-Lettres.

larges de sept à huit pieds et d'une hauteur à peu près égale, bornées à droite et à gauche de cellules creusées dans la roche. Une partie de ces allées sont maintenant comblées par l'éboulement des terres; mais on distinguait encore, à la fin du siècle dernier, vingt-cinq, trente et même quarante cellules dans celles qui étaient le mieux conservées. Ces petits appartements sont carrés, ou bien ils s'arrondissent en forme de demi-cercle. Partout ils sont creusés avec art, et ceux du même souterrain ont la même forme et les mêmes proportions. L'abbé Le Beuf qui connaissait de pareilles excavations dans plus de trente paroisses depuis l'embouchure de la Somme jusqu'auprès de Péronne, supposait qu'elles avaient été pratiquées ou au moins considérablement agrandies au IXe. et au Xe. siècles, par les habitants du pays, afin de se mettre à couvert contre les Normands qui remontaient souvent la Somme à cette époque (1). Plusieurs antiquaires les regardent au contraire comme un ouvrage gaulois, ce qui m'engage à vous les signaler, sans toutefois me décider pour cette dernière opinion.

(1) V. le vingt-septième volume de l'Académie Royale des Inscriptions et belles Lettres, p. 183.

M. Gaillard a vu des cavités à peu près semblables aux précédentes à Sainte-Marie-des-Champs, dans l'arrondissement des Andelys. On en cite aussi dans le département de la Sarthe, dans le pays Chartrain, dans la Champagne et dans presque toutes les contrées qui renferment des roches faciles à creuser, telles que la craie. Mais gardons-nous, Messieurs, d'attribuer trop légèrement aux Celtes les souterrains que l'on trouve dans les différentes parties de la France; plusieurs ne datent que des siècles du moyen âge, et le plus grand nombre ne sont que d'anciennes carrières semblables à celles qui existent aux environs de Caen, dans la Haute-Normandie, dans la Touraine, etc.

Des souterrains de différentes formes et qu'on suppose d'origine celtique ont été observés près de Guildford en Surrey (1), à Royston dans le comté de Hertford (2), dans celui de Kent (3), ainsi que dans beaucoup d'autres parties de l'Angleterre (4). Les uns offrent des

(1) Beauties for Surrey, p. 257.
(2) *Id.* for Herts., p. 181.
(3) *Id.* for Kent, p. 552.
(4) Voir dans les *Munimenta antiqua* de King, premier volume, le grand nombre de localités qui sont mentionnées.

galeries à peu près comme ceux que nous avons signalés en Picardie; les autres se composent seulement d'une ou deux salles plus ou moins spacieuses.

On remarque aussi dans plusieurs comtés, des trous tantôt coniques, tantôt ressemblant à de larges puits, dans lesquels les antiquaires anglais supposent qu'on se retirait en cas de surprise, afin de se soustraire aux regards de l'ennemi qui parcourait les campagnes.

En Ecosse on a découvert, dans le comté d'Aberdeen, des chambres souterraines formées de pierres brutes sans ciment, qui étaient réparties au nombre de près de soixante dans l'espace d'un ou deux milles (1). La seule entrée par laquelle on pouvait y accéder se trouvait entre deux pierres placées obliquement et distantes l'une de l'autre de dix-huit pouces; on descendait par une pente rapide dans ces appartements, dont la largeur était de neuf pieds et la longueur de trente. Les murs inclinaient l'un vers l'autre, de manière à former le commencement d'une voûte qui était terminée par de grandes dalles en position horizontale. Le toît était recouvert de terre et tellement d'accord

(1) Voir la notice insérée dans le deuxième volume des Annales de la soc. Roy. des Antiq. d'Ecosse, p. 56.

avec le niveau du sol qu'on pouvait marcher dessus sans soupçonner l'existence des souterrains ; on ne les a trouvés que par hasard en labourant. Plusieurs cavités à peu près de même espèce ont été observées dans d'autres parties de l'Ecosse et en Danemarck.

Aux îles Hébrides, Pennant a visité beaucoup de cachettes creusées dans le sol comme les précédentes et recouvertes de pierres plates. La plupart sont d'une telle exiguité qu'à peine deux hommes peuvent s'y tenir assis (1).

Je suis loin, Messieurs, de prétendre que ces vestiges d'habitations observées dans des contrées éloignées des nôtres (l'Ecosse et le Danemarck) soient contemporains de ceux qui, en France, sont attribués aux Gaulois, ni qu'ils soient contemporains les uns des autres.

En vous citant quelques exemples pris au loin, mon but est surtout de vous faire remarquer l'analogie qui existe dans les coutumes et les moyens de défense des peuples dans l'enfance de la civilisation. Les faits que j'ai encore à vous exposer rendront cette analogie de plus en plus frappante.

(1) Pennant's voyage to the Hebrides, p. 224.

VICI.

Les maisons gauloises étaient en général isolées et répandues çà et là dans les campagnes; mais elles se trouvaient, sur certains points, réunies de manière à former des *vici*, que l'on pourrait, suivant leur importance, comparer à nos villages ou à nos bourgades.

Les *vici* se trouvaient, pour la plupart, dans les vallées, sur le bord des rivières, à l'abri des bois, quelquefois au milieu d'une plaine fertile. Les habitations qui les formaient n'étaient pas en contact, mais séparées les unes des autres par des terres cultivées. Du reste il y avait des *vici* considérables et qui tenaient lieu de villes dans plusieurs contrées.

Vienne, chef-lieu du pays des Allobroges, n'était qu'un simple *vicus*.

OPPIDA.

Il y avait aussi des habitations placées dans des espèces de camps retranchés fortifiés par l'art et par la nature, que César appelle des *oppida*, et que l'on peut considérer comme les établissements les plus considérables, comme les villes de nos ancêtres; telles étaient sans doute *Avaricum* chez les peuples du *Berry*; *Alesia* chez les *Mandubii*; *Uxelodunum* chez les peuples du pays de Cahors; *Gergovie* chez les Auvergnats; *Genabum* et *Autricum* chez les Carnutes; *Lutetia* chez les *Parisii*, et plusieurs autres *oppida* qui ont joué un rôle plus ou moins important dans la guerre des Romains contre la Gaule.

Mais outre ces villes, ces *oppida* continuellement habités, il y avait des enceintes ou places fortes qui n'étaient point occupées en temps de paix, et où les habitans d'un canton se réfugiaient avec leurs armes, leurs familles et leurs troupeaux, lorsque les dangers de la guerre les forçaient à quitter leurs maisons. Les Belges et les habitants de l'Armorique, moins civilisés que les autres peuples de la Gaule, avaient surtout un grand nombre de pareils camps retranchés.

Les *oppida* des Venètes, dont plusieurs furent assiégés et pris par les Romains, étaient de cette espèce, comme le prouvent les détails que César a donnés sur eux.

Cet historien appelle indistinctement *oppida* les lieux d'habitation qui étaient des villes et ceux qui n'étaient que des refuges, ce qui, joint à la concision ordinaire de son style, jette une grande confusion dans les idées que l'on cherche à se former des uns et des autres en lisant ses commentaires.

Les *oppida*, soit qu'ils fussent constamment ou momentanément habités, étaient situés dans des lieux d'un accès difficile, sur le plateau d'une montagne escarpée, au milieu d'un îlot entouré de marais, dans une presqu'île formée par les sinuosités d'une rivière ou par la jonction de deux vallées, etc. Tous les points qui n'étaient pas défendus par des précipices étaient garnis de remparts grossièrement construits.

César nous apprend de quelle manière on formait ceux de ces ouvrages auxquels on apportait le plus de soin.

« Les Gaulois se servent assez souvent, dit-
« il, pour élever leurs murailles, de longues
« pièces de bois, droites dans toute leur lon-
« gueur, les couchent à terre parallèlement,
« les placent à une distance de deux pieds l'une
« de l'autre, les fixent intérieurement par des
« traverses, et remplissent de beaucoup de terre
« l'intervalle qui les sépare. Ils posent ensuite
« un rang de grosses pierres ou de fragments
« de rochers, et, lorsqu'ils ont placé et assemblé
« convenablement ces pièces, ils établissent
« dessus un nouveau rang de poutres disposées

« comme les premières, en conservant entre
« elles un semblable intervalle; de telle sorte que
« les rangs de pièces de bois ne se touchent pas,
« et ne portent que sur des fragments de ro-
« chers interposés. L'ouvrage est ainsi continué
« jusqu'à la hauteur convenable. Cette cons-
« truction, la variété de ses matériaux, ces rangs
« alternatifs de pièces de bois et de rochers,
« dont l'alignement est observé, n'offrent rien
« de désagréable à la vue. Ces murailles sont
« d'une grande commodité pour le service et
« la défense des places, car les pierres qui les
« composent résistent aux incendies, et les
« pièces de bois aux efforts du bélier (1). »

Malgré les éloges que César donne à ce mode de construction, il devait présenter de grandes imperfections et beaucoup d'inconvénients.

Mais il n'était pas le seul usité ; souvent les murs se composaient d'énormes morceaux de pierre brute sans ciment; bien souvent aussi ils étaient simplement formés de terre mêlée de cailloux.

M. Deville considérant que les lieux de refuge étaient le plus ordinairement garnis de remparts en terre, propose de les désigner sous le nom d'*oppida rustica* ou *vallata*, et de les dis-

---

(1) De Bello Gall., lib. vii, cap. xxiii.

tinguer ainsi des *oppida-villes*, qui, en raison de leurs retranchements plus soignés, pourraient recevoir la dénomination d'*oppida-murata*.

Cette distinction est très-judicieuse, et nous pouvons nous en servir, quoique plusieurs lieux de refuge aient peut-être été garnis de remparts semblables à ceux des villes.

La hauteur des murailles devait être plus ou moins considérable, suivant que les *oppida* se trouvaient placés au milieu d'un pays plat ou sur un terrain escarpé.

Il paraît que celles de Gergovie n'avaient pas plus de sept à huit pieds de hauteur, au moins d'un côté; car pendant le siége de cette place, plusieurs Gaulois effrayés purent franchir le rempart pour venir se rendre aux Romains, et Fabius, centurion de la huitième légion, parvint à escalader le même mur en se faisant soulever par trois soldats auxquels il aida ensuite à monter (1).

Au contraire l'*oppidum* de *Noviodunum*, aujourd'hui Noyon, était entouré de murailles très-hautes, ce qui fit échouer l'entreprise que César avait formée d'emporter la place d'assaut (2).

La forme des *oppida* était toujours subor-

(1) Ces. de Bello Gall., lib. vii, cap. lxix et l.
(2) *Ibid.*, lib. ii, cap. ii.

donnée à la configuration du terrain et n'avait rien de régulier ; on sait très-peu de chose sur la distribution intérieure des *oppida - villes* ; plusieurs passages des commentaires prouvent qu'ils renfermaient souvent des places (1), probablement pour se réunir et se ranger en bataille. On suppose que les maisons étaient placées irrégulièrement autour de l'enceinte, à peu de distance des remparts, et sans doute elles étaient loin de présenter une densité comparable à celle des maisons de nos villes actuelles. La plupart des *oppida* paraissent avoir été assez vastes pour contenir une nombreuse garnison ; ils avaient ordinairement deux entrées fermées par des portes.

Les *oppida-refuges* qui servaient de retraite à des populations entières et à de nombreux troupeaux, étaient généralement plus vastes que les *oppida-villes*. Quelques-uns avaient une étendue très-considérable.

(1) Lors du siége d'Avaricum (V. le liv. vii) l'armée romaine étant parvenue à escalader les murs, les Gaulois se réunissent et se rangent en bataille pour supporter de tous côtés le choc de l'ennemi, sur une place qui était sans doute au milieu de l'enceinte. *In foro ac locis patentioribus in æquum locum.*

Lorsque César marche contre les Carnutes insurgés (V. le liv. vii des Commentaires) il trouve les *oppida* abandonnés et il établit son camp dans la ville de *Genabum*. *In Genabo oppido castra ponit.*

Voilà, Messieurs, ce que l'on peut dire de plus certain sur les établissements gaulois connus sous le nom d'*oppida*; les idées que je viens de vous soumettre sont aujourd'hui partagées par la plupart des Antiquaires français.

Cependant quelques personnes d'une érudition profonde ont pensé que les *oppida* n'ont aucuns été habités en temps de paix, que tous étaient de simples camps retranchés où l'on ne se retirait qu'au moment du danger.

Telle est l'opinion que M. Dulaure, auteur de la nouvelle Histoire de Paris, a savamment défendue dans un Mémoire fort remarquable qui fait partie du deuxième volume de la Société des Antiquaires de France (1). M. Dulaure a basé presqu'entièrement son système sur des inductions tirées de plusieurs passages des commentaires de César.

En lisant attentivement son Mémoire, il m'a paru que faute d'avoir établi, comme nous l'avons fait, une distinction entre les *oppida-villes* et les *oppida-refuges*, il a tiré des conséquences forcées de plusieurs passages des

---

(1) Ce Mémoire est intitulé : *Des cités, des lieux d'habitation, des forteresses des Gaulois, de leur architecture civile et militaire, avant la conquête des Romains.*

commentaires (1). Lorsque M. Dulaure essaie de prouver que les *oppida* différaient de nos villes actuelles, qu'ils n'étaient pas tous habités en temps de paix, son raisonnement est juste ; mais il ne l'est plus lorsqu'il va jusqu'à prétendre qu'aucuns *oppida* n'étaient habités, et que la Gaule était totalement dépourvue de villes. Il y a quelque chose de vrai dans l'opinion de M. Dulaure, mais il a trop généralisé ; il faut nécessairement admettre un très-grand nombre d'exceptions au principe qu'il a posé.

M. Dulaure commence par faire observer que chez les Gaulois les institutions qui caractérisent nos villes n'étaient pas contenues dans des édifices, ni réunies dans des lieux habités ; c'était sur les frontières des nations que se faisaient les échanges, que se tenaient les foires et les marchés. Les affaires politiques, administratives et judiciaires se réglaient en plein air, sur des frontières et dans des lieux sacrés. Ainsi César nous apprend que les assemblées de toute la Gaule se tenaient non dans une ville, mais sur les frontières des Carnutes. Or, puisque les ins-

---

(1) MM. Gaillard, Deville et plusieurs autres membres de la société des Antiquaires de Normandie ont porté le même jugement.

titutions qui constituent les villes, dit M. Dulaure, ne se trouvaient pas dans les *oppida*, on peut en conclure que ce n'étaient pas des villes.

Une chose me frappe dans cette argumentation, c'est qu'elle repose sur la supposition *que ce sont les institutions qui constituent les villes*. Il me semble au contraire que la réunion permanente d'un certain nombre de maisons habitées suffit pour caractériser ces établissements; peu importe en effet que les villes gauloises aient joué, dans l'ordre civil, le même rôle que les nôtres, et qu'elles en aient différé sous plus ou moins de rapports ; nous voulons seulement prouver leur existence matérielle, qui, je le répète, résultait uniquement de l'agglomération des habitations sur certains points du territoire des peuples.

M. Dulaure tire ensuite une induction favorable pour son système, de ce que le mot *cité* (*civitas*) a souvent deux acceptions différentes dans les Commentaires.

Lorsqu'il s'agit des Gaulois indépendants, dit-il, ce mot exprime toujours l'ensemble d'une population soumise à un même gouvernement, comme dans ce passage : « Toute la cité « de l'Helvétie est divisée en quatre cantons :

« *Omnis civitas Helvetia in quatuor pagos di-*
« *visa est* (1). » Au contraire il exprime une
ville lorsqu'il s'agit de lieux d'habitation situés dans la partie méridionale de la Gaule,
depuis long-temps subjuguée, qu'on nommait
la province romaine à l'époque où César écrivait; ainsi cet historien dit que Toulouse, Carcassone et Narbonne sont des cités de la Gaule,
province romaine: *Tolosa, Carcassone et Narbone, quæ sunt civitates Galliæ provinciæ* (2).
M. Dulaure en conclut que si les places de la
Gaule insoumise eussent été des villes comme
celles de la Gaule romaine, César les eût qualifiées de même au lieu de les désigner sous le
nom d'*oppida*.

Si M. Dulaure avait lu plus attentivement le
VIIe. et le VIIIe. livres des Commentaires, il
n'aurait pas affirmé, comme il l'a fait, que dans
cet ouvrage aucune place de la Gaule insoumise n'a été qualifiée de *cité*, car on y trouve
plusieurs exemples du contraire.

César donne à Gergovie le titre de cité lorsqu'il raconte (VIIe. livre) comment Vercingétorix y entra à la tête d'une foule d'hommes
armés et comment il chassa de cette ville ceux

(1) Ces. de Bell. Gall., lib. 1, cap. xii.
(2) Ces. de Bell. Gall., lib. iii, cap. xx.

qui d'abord l'avaient forcé d'en sortir (1).

Au VIIIe. livre des Commentaires le mot *cité* est employé dans la même acception; il y est dit que César voulait punir l'obstination que les habitans d'*Uxellodunum* mettaient à soutenir le siége entrepris contre leur ville, de peur que les autres *cités* avantageusement placées ne fussent encouragées par cet exemple à recouvrer leur indépendance (2).

Mais en supposant que l'observation de M. Dulaure par rapport aux deux acceptions du mot *civitas* fût parfaitement juste, que l'on remarquât une opposition constante dans l'emploi que fait César des expressions *oppidum* et *civitas*, que l'historien romain eût voulu par ces deux mots exprimer la dissemblance qui existait entre les villes de la Gaule septentrionale et celles de la Gaule romaine, ce serait aller, je crois, beaucoup trop loin que de s'autoriser de cette observation pour nier l'existence des premières.

Ce qui sans doute, Messieurs, vous paraîtra

---

(1) Magnisque coactis copiis (Vercingetorix) adversarios à quibus paulò antè erat ejectus, expellit ex civitate. Ces. de Bell. Gall., lib. vii, cap. iv.

(2) Ne ve hoc exemplo ceteræ civitates locorum opportunitate fretæ se vindicarent in libertatem, Ces. de Bell. Gall., lib. viii, cap. xxxix.

favoriser bien puissamment l'opinion que je défends, c'est que César a plusieurs fois désigné les *oppida* sous le nom d'*urbs* qui n'est susceptible que d'une seule acception, et qui répond absolument à notre mot français ville. M. Dulaure a senti combien ce fait portait d'atteintes à son système; aussi a-t-il insisté sur ce que le mot *urbs* n'a été appliqué que quatre fois à des *oppida*; il a même essayé d'établir que les lieux qualifiés d'*urbes* par le général romain, n'étaient pas des villes.

Voici le raisonnement de M. Dulaure :

« César emploie le mot *urbs* lorsqu'il raconte que Vercingétorix fit incendier plus de vingt lieux d'habitation dans le Berry. *Ampliùs viginti urbes Biturigum incenduntur* (1). Plus loin il ajoute que les habitans se consolaient de cette perte, espérant que la victoire leur fournirait bientôt les moyens de la réparer. Comment donc se serait-il trouvé plus de vingt villes dans le Berry à une époque où la population devait être beaucoup moins considérable qu'elle ne l'est aujourd'hui! et comment ces villes auraient-elles été reconstruites en si peu de temps! Il y a lieu de croire que

(1) Ces. de Bell. Gall., lib. vii.

le mot *urbs* avait alors une acception qu'il n'a pas eue depuis, et qu'il ne signifiait pas ce que nous entendons par notre mot ville. »

Il est possible que César ait compris dans le dénombrement des villes incendiées par les Bituriges quelques lieux d'habitation peu considérables ; on peut croire, si l'on veut, qu'il y a de la part du général romain exagération dans l'importance et même dans le nombre des établissements détruits ; mais pour supposer que le mot *urbs* ait eu une acception différente de celle que nous lui connaissons, disons-le, Messieurs, rien ne peut autoriser cette conjecture.

D'un autre côté, le rétablissement des villes gauloises ne devait pas être si long qu'on pourrait le croire au premier abord ; nous savons que la plupart des maisons étaient en bois ; et rien n'aurait empêché de reconstruire en peu de temps de pareilles demeures, si la victoire et la prospérité eussent couronné les efforts tentés par les Gaulois pour recouvrer leur liberté.

M. Dulaure s'appuie encore sur le chapitre IV du liv. VI où l'on voit Acco ordonner aux Senons (habitants du pays de Sens) de venir occuper les *oppida* ; il en conclut que ces places étaient vides auparavant; mais cette conséquence n'est pas plus rigoureuse que les autres.

L'ordre donné par Acco ne prouve rien autre chose, sinon que les habitans des *oppida* ne suffisaient pas pour les défendre, et qu'il fallait faire un appel à la population des campagnes.

Je ne suivrai pas M. Dulaure dans sa longue et savante argumentation ; je vais seulement citer quelques faits qui, j'espère, achèveront de vous convaincre qu'il existait des villes dans la Gaule.

Et d'abord, Messieurs, il me paraît incontestable qu'Alise était une ville ; César le dit lui-même, lorsqu'en parlant de cette place il emploie les expressions suivantes : *prospecto urbis situ*, ayant examiné la position de la ville ; et lorsqu'il ajoute que cette ville était en même-temps un *oppidum : ipsum erat oppidum in colle summo*. Pourrait-on demander une preuve plus manifeste qu'Alise n'était pas seulement un camp retranché, et que le mot *oppidum* doit souvent s'entendre d'une ville fortifiée, dans les Commentaires de César ?

Cet historien nous apprend encore que Vercingétorix se fit livrer tous les grains qui se trouvaient dans la ville d'Alise, et qu'il prononça la peine de mort contre ceux qui recèleraient des provisions (1). Aurait-il pu craindre les recéleurs, aurait-il pris des mesures aussi sévères pour les punir, si la place n'eût été qu'une espèce de camp retranché? Pourrait-on cacher des vivres dans une enceinte dépourvue de maisons?

Je ne conçois pas non plus comment on pourrait penser qu'*Avaricum* n'était point une ville, quand on voit dans le VIIe. livre des Commentaires les Bituriges supplier Vercingétorix d'excepter cette place de l'incendie général qu'il avait ordonné. « Ne nous forcez pas, disaient-« ils, à brûler de nos propres mains *Avaricum*, « l'ornement et la sûreté de notre pays, la « plus belle ville de toute la Gaule (2). »

Genabum, ville située sur les bords de la Loire, et l'un des entrepôts les plus importans entre la Méditerranée et l'Océan, était non seulement habitée par des Gaulois, mais encore par des marchands romains qui étaient venus s'y fixer, et qui furent massacrés lors de l'in-

(1) Ces. de Bell. Gall., lib. vii.
(2) Ne pulcherrimam propè totius Galliæ urbem quæ et præsidio et ornamento sit civitati suis manibus incendere cogerentur. Ces. de Bell. Gall., lib. vii, cap. xv.

surrection des Carnutes contre les armées romaines (1).

Enfin lorsque Vercingétorix ordonne aux Bituriges de brûler non seulement les *vici*, mais encore les *oppida* qui n'étaient pas à l'abri de tout danger, par leur position et leurs moyens de défense (2), peut-il être question de simples camps retranchés sans maisons? Et le mot *oppidani* que César emploie à plusieurs reprises ne désigne-t-il pas les habitants des *oppida* ?

Votre conviction, Messieurs, est sans doute aussi complète que la mienne, et il serait inutile d'apporter un plus grand nombre de citations.

Quant à la proportion numérique des *oppida-villes*, et des *oppida-refuges*, chez les différents peuples, on ne peut faire que des conjectures. M. Gaillard qui a discuté cette question dans un mémoire inédit que j'ai pu consulter, fait observer avec raison que chez les Gaulois la barbarie allait en croissant du

---

(1) Cives romanos qui negotiandi causâ ibi constiterant interficiunt, bonaque eorum diripiunt. Ces. de Bell. Gall., lib. vii, cap. iii.

(2) Preterea oppida incendi opportere quæ non munitione et loci naturâ ab omni sint periculo tuta. Ces. de Bell. Gall., lib. vii.

Sud au Nord. Suivant les contrées que l'on parcourait dans cette direction, la Gaule devait donc offrir plusieurs degrés de civilisation marqués par la nature et le nombre des lieux d'habitation.

Ainsi, chez les Arvernes, les Bituriges, les Edues et les autres peuples de la Gaule centrale, un très-grand nombre d'*oppida* étaient des villes, des places continuellement garnies d'habitants.

Mais il est probable que dans la Belgique les *oppida-villes* étaient beaucoup plus rares, et quelques peuples, tels que les Nerviens, les Attuates, etc., n'avaient peut-être que des refuges ; cette présomption pourrait même s'étendre à plusieurs parties de l'Armorique ; car il paraît bien certain que les *oppida* des Venètes n'étaient que des camps retranchés sans habitations permanentes.

Localités. Les *oppida* ne contenaient pas de constructions capables de subsister jusqu'à une postérité reculée ; mais leurs murs ou leurs remparts en terre existent dans les lieux où ils n'ont pas été détruits par la main des hommes, et ils pourront durer encore pendant bien des siècles.

La plupart de ces enceintes ont été regardées comme des camps romains ; on les a aussi attribuées aux Normands dans l'Ouest de la France ; mais depuis que le flambeau de la saine critique est venu éclairer la science des antiquités, ces opinions trop légèrement admises n'ont pu soutenir un examen sérieux.

En effet, outre que l'irrégularité des enceintes gauloises ne peut guère convenir aux camps romains dont je vous exposerai bientôt les caractères, il y en a qui présentent une étendue hors de toute proportion avec l'emplacement nécessaire pour camper des légions romaines. On ne peut même tirer d'inductions bien puissantes de la présence des tuiles et des poteries romaines constatée dans quelques enceintes réputées gauloises, car plusieurs d'entre elles ont été occupées depuis la conquête des Romains.

L'opinion de ceux qui rapportent aux Normands quelques-unes des places dont j'ai l'honneur de vous entretenir a paru moins fondée encore ; comment croire en effet que des pirates qui remontaient les rivières en pillant, sans chercher à faire d'établissements stables, se soient occupés à des travaux aussi pénibles et aussi complètement inutiles pour eux.

Ce serait admettre une conjecture gratuite et contraire à toutes les probabilités.

Enfin on n'a pu alléguer aucun motif plausible pour attribuer à d'autres qu'aux Gaulois l'origine de ces forteresses. Seulement quelques circonstances font supposer que plusieurs d'entre elles ont servi de campements sous la domination romaine, et même parfois dans les guerres du moyen âge.

Je désirerais pouvoir vous offrir l'énumération des principaux *oppida* dont les vestiges existent dans la France occidentale; mais il y a peu de temps qu'on s'occupe de les rechercher, et l'on est loin de connaître tous ceux qui peuvent se rencontrer dans les lieux peu fréquentés; il faudrait d'ailleurs revoir et soumettre à un nouvel examen les camps réputés romains. MM. Le Prévost, Fallué, Gaillard et Féret s'occupent de cette révision dans la Haute-Normandie ; leurs travaux réunis à ceux auxquels on se livre ailleurs avanceront sans doute beaucoup cette partie de la statistique monumentale qui est plus retardée que les autres.

En attendant les découvertes et les publications qui se préparent, je vais me borner à vous présenter une courte description de quelques enceintes que l'on croit d'origine gauloise, et qui vraisemblablement n'étaient que des lieux de refuge.

La Cité de Limes, située à trois quarts de lieue au Nord-Est de la ville de Dieppe, est aussi appelée *camp de César*, nom banal que l'on a donné pendant long-temps à presque toutes les enceintes retranchées. Elle a été décrite par M. Féret qui, un des premiers, s'est occupé en Normandie de la recherche des *oppida* (1).

La nature est entrée pour beaucoup dans les moyens de défense de la cité de Limes; mais le travail des hommes s'y montre d'une manière bien manifeste.

Elle offre une surface de cinquante-cinq hectares environ; elle est défendue à l'Ouest par les falaises escarpées qui bordent la mer; à l'Est, au Nord et au Sud, par un rempart considérable en terre qui lui-même est défendu, soit par un vallon, soit par un fossé, soit par la pente naturelle du terrain.

La cité de Limes comprend une gorge assez profonde vers laquelle s'incline une partie du sol de l'enceinte qui se trouve ainsi partagée

(1) Voyez le Mémoire déjà cité, dans le troisième volume de la Société des Antiquaires de Normandie.

en deux portions, dont l'une plus élevée, forme à peu près le tiers de l'ensemble. Cette gorge se dirige par une pente douce vers la mer; elle a pu dans des temps reculés s'étendre jusques sur la grève, mais aujourd'hui elle est terminée par une coupe abrupte de ving-neuf mètres. On peut affirmer que la cité de Limes a perdu de son étendue : les flots qui sapent le pied de la falaise, les hivers qui la crévassent, tendent sans cesse à produire une diminution de terrain plus ou moins considérable, selon le plus ou le moins de violence de ces deux causes (1).

A l'intérieur de l'enceinte il existe sur plusieurs points, le long du rempart, un fossé assez large au fond duquel on remarque des vestiges de maisons ou *tuguria*, dont je vous ai déjà parlé ; de semblables vestiges s'observent dans plusieurs autres parties de *l'oppidum*. Ils ont été indiqués sur un plan qui vient d'être publié aux frais de la société archéologique de Dieppe, et qui donne une idée parfaitement exacte de l'enceinte de Limes, de sa forme et des accidents de terrain qu'on y remarque.

Ecoutons, Messieurs, la description que font MM. Gaillard et Fallué des enceintes de San-

(1) Mémoire cité, p. 6.

douville et de Boudeville, autres *oppida* situés sur la rive droite de la Seine, dans l'arrondissement du Hâvre.

Le camp de Sandouville est établi sur une éminence presque carrée. Le côté du Sud est bordé par la Seine et par un escarpement naturel dont la hauteur est de trois cents pieds.

A l'Est et à l'Ouest l'enceinte est défendue par les vallées d'Oudale et de Mortemer; mais comme la pente des côteaux n'est pas très-rapide, on a élevé à leur sommet des retranchements hauts de huit à dix pieds, dont on voit encore les restes.

Le côté du Nord, de niveau avec la campagne, avait plus besoin que les autres des ressources de l'art pour être mis en état de défense; aussi a-t-il été garni d'un rempart long d'environ quatre cents toises, élevé de quarante-cinq à cinquante pieds, et bordé d'un fossé dont on ne trouve plus que quelques traces; mais qui doit avoir eu trente pieds de largeur.

Un autre rempart, long de deux cents toises, placé à une distance assez considérable et en arrière du premier, formait une seconde enceinte beaucoup moins étendue que l'enceinte principale, et dans laquelle on aurait pu se retirer si le premier rempart avait été forcé.

La grande enceinte comprend cent vingt hectares soixante-dix-sept ares vingt-huit centiares; la petite vingt-huit hectares, quatre vingt-huit ares seize centiares.

L'*oppidum* de Sandouville a maintenant deux entrées, l'une et l'autre à cent toises environ des extrémités de la première ligne de défense.

Le camp de Boudeville, situé dans la commune de Saint-Nicolas-de-la-Taille, est bien moins vaste que le précédent; c'est un cap dont la pointe donne sur le bord de la Seine, dont les côtés sont bornés par deux vallées, et qui est divisé en trois parties par trois remparts parallèles. Le second rempart est à peu de distance du premier, et le troisième comprend dans son enceinte la roche singulière nommée *pierre gante* que je vous ai signalée (v. p. 113).

Entre le dernier rempart et la pointe du promontoire, on remarque à l'ouest, du côté de Tancarville, cinq sillons ou chemins creux pratiqués sur la pente escarpée du côteau, qui se rattachent au même point du haut de la côte, et descendent en divergeant, comme les branches d'un éventail, jusqu'au fond de la vallée. Au moyen de ces chemins creux fort extraordinaires, on pouvait descendre à couvert jusqu'au port de Tancarville et évacuer le camp, sans beaucoup de danger, lorsqu'on y était contraint. M. Gaillard a remarqué dans l'*oppidum* de Boudeville des cavités comme on en voit dans la cité de Limes, et qui paraissent annoncer l'emplacement de quelques cabanes gauloises.

César nous apprend que la plupart des *oppida* des Venètes étaient placés sur des promontoires ou langues de terre, voisins de la mer, dont quelques-uns se trouvaient transformés en îles par le flux, à l'heure de la pleine mer, de sorte qu'il était presqu'impossible d'en approcher. Il ajoute que lorsqu'après bien des travaux on parvenait à assiéger les Venètes dans ces places maritimes et à les y presser, ils s'embarquaient et se réfugiaient dans d'autres *oppida* voisins, où il fallait les assiéger de nouveau avec la même difficulté (1). Quoique les *oppida* des Calètes,

---

(1) Erant ejusmodi fere situs oppidorum, ut posita in extremis linguis promontoriisque, neque pedibus aditum haberent, cùm ex alto se æstus incitavisset, quod bis semper accidit horarum xii spatio; neque navibus, quod, rursùs minuente æstu, naves in vadis afflictarentur. Ita utraque re oppidorum oppugnatio impediebatur : ac, si quando magnitudine operis fortè superati, extruso mari aggere ac molibus, atque his fermè mœnibus adæquatis, suis fortunis desperare cœperant; magno numero navium appulso, cujus rei summam facultatem habebant, sua omnia deportabant; seque in proxima oppida recipiebant. Ces. de bell. Gall., lib. iii, cap. xii.

placés sur le bord de la Seine (ceux de Sandouville et de Boudeville), diffèrent à beaucoup d'égards de ceux des Venètes, ils offrent néanmoins avec eux une ressemblance qui ne vous aura pas échappé, c'est que leur proximité du fleuve permettait de communiquer de l'un à l'autre au moyen de vaisseaux.

A 1800 toises au Sud-Est du village de Bernières, bourgade à quelques lieues de Caen, sur le bord de la mer, on voit encore les vestiges d'un ancien camp romain dont Caylus a publié le plan dans le cinquième volume de son ouvrage. Quelques circonstances pourraient porter à croire qu'un *oppidum* existait dans cet emplacement avant l'occupation romaine.

Une espèce de tranchée ou de rue cavée, comme on en rencontre dans quelques enceintes gauloises, conduit directement du camp à la mer (1), et l'on a découvert aux environs plusieurs haches celtiques en bronze.

(1) Cette route est encore visible dans l'espace d'un quart de lieue au moins ; je l'ai décrite dans la première partie de ma Statistique monumentale du Calvados. J'ai également décrit d'autres routes cavées qui se trouvent à une lieue à l'Est des précédentes entre Plumetot et Hermanville, et qui se dirigent de même vers la mer ; on les connaît sous le nom de *rues d'Hermanville*.

Nous voyons dans le troisième livre des commentaires que les Lexoves et les Eburovices mirent leurs places en sûreté avant d'aller se joindre aux Unelles que commandait Viridovix (1). On n'a pas encore déterminé la position de ces *oppida*, qui peut-être ont été remplacés par les villes romaines du vieux Lisieux et du vieil Evreux.

Dans toutes les parties de la Gaule, la plupart des *oppida* les plus importants sont devenus des villes romaines qui ont continué d'être habitées ; ainsi l'éminence sur laquelle on voit aujourd'hui la ville de Chartres était sans doute l'emplacement de l'*Autricum* des Carnutes ; Bourges a remplacé l'*Avaricum* des Bituriges ; Autun a succédé à *Bibracte* des Edues, etc.

Mais s'il reste peu d'*oppida-villes* à explorer, les *oppida-refuges* sont encore en grand nombre, et ce serait entreprendre un travail bien important que de les décrire et de publier une *monographie* de ces monuments gaulois.

Déjà M. le comte de Taillefer a signalé dans le Périgord, l'existence de plusieurs *oppida* mêlés à des camps romains et bien faciles à distinguer de ceux-ci (2).

(1) Senatu suo interfecto *portas clauserunt* seque cum Viridovice conjunxerunt. Ces. de bell. Gall., lib. III, cap. XVII.

(2) Ouvrage sur les antiquités de Périgueux.

De son côté M. Schweighauser, correspondant de l'Académie des inscriptions, a décrit un vaste *oppidum* appelé le *mur payen* (1), qui se voit à quelques lieues de Strasbourg, et qui servait, à ce qu'il paraît, d'asile à toute la population de ces contrées lorsqu'elle était inquiétée par des incursions hostiles. L'enceinte a dix mille cinq cent deux mètres de développement; ses remparts entourent la partie supérieure de la montagne Saint-Odile, et ils offrent des lignes fort irrégulières, parce qu'on s'est attaché à suivre les bords de cette hauteur.

Enfin plusieurs enceintes situées en Picardie, et regardées d'abord comme des camps romains, ont été reconnues pour des *oppida*.

Tout fait donc espérer que les documents qui nous manquent aujourd'hui seront bientôt complétés.

Les peuples de la Grande-Brétagne dont les usages se rapprochaient de ceux des Gaulois, surtout des Belges (2), avaient aussi des *oppida*.

(1) Mémoire sur l'enceinte antique appelée *la Mur payen*, publié à Strasbourg en 1825.

(2) Neque multùm à Gallica different consuetudine. Ces. de Bell. Gall., lib. v, cap. xiv.

Il est à remarquer que dans ce passage César parle des habitants de la partie méridionale de l'Angleterre, qui étaient Belges et plus civilisés que les autres. Sans doute les mœurs des Brétons du centre et du nord de l'Angleterre offraient moins de rapport avec celles des Gaulois.

César nous apprend que ces enceintes étaient situées au milieu des bois et défendues par un *vallum* et par un fossé (1); Strabon s'exprime de la manière suivante en parlant des Brétons et de leurs *oppida* : « Les forêts leur « tiennent lieu de forteresses ; ils coupent un « grand nombre d'arbres et forment de ces « abatis de vastes enceintes dans lesquelles « ils établissent des cabanes pour eux et des « étables pour leurs troupeaux (2).

Mais il paraît que la description de César et celle de Strabon s'appliquent principalement aux lieux de refuge des peuples qui habitaient les terres basses de l'île de Brétagne. Ceux qui occupaient les régions montueuses durent choisir, pour se mettre en sûreté, le sommet des éminences d'un accès difficile, et d'où la vue pouvait s'étendre au loin. Aussi trouve-t-on dans beaucoup de parties du pays de Galles, dans les comtés de Cornouailles (3), de Lancastre, de Shrop (4), de Cambridge (5),

---

(1) Oppidum autem Britanni vocant cum silvas impeditas vallo atque fossa munierunt, quò incursionis hostium vitandæ causa convenire consueverunt. Ces. de Bell. Gall., liv. v, cap. xxi.
(2) Geograph., liv. iv.
(3) Beauties for Cornwall, p. 500—501.
(4) *Id.* for Shropshire, p. 266—267.
(5) *Id.* for Cambridgeshire, p. 130—131.

de Hertford et dans plusieurs autres (1), des enceintes que l'on regarde comme ayant été des lieux de retraite pour les anciens Brétons.

Ces ouvrages de défense n'ont en effet aucune ressemblance avec ceux que l'on connaît des Romains, des Saxons et des Danois, et l'on n'a pas de motifs pour les rapporter à d'autres qu'aux anciens habitants du pays.

Dans plusieurs de ces forteresses on a remarqué des traces de cabanes circulaires ou ovales semblables à celles dont je vous ai déjà parlé, et qui paraissent avoir servi de demeures à des peuplades plutôt qu'à loger momentanément une troupe de guerriers (2).

L'*oppidum* qui est connu sous le nom d'*Ambresbury bank* près de *Coptonhall*, dans le comté d'Essex, se trouvait autrefois au milieu d'une forêt; sa forme est irrégulièrement ovale : il contient environ douze acres de terrain.

Une autre forteresse que King cite comme un exemple de celles qui se rencontrent dans les pays montueux, est située sur un des points

---

(1) King's munimenta antiqua, tom. 1, chap. 1.
(2) King's munimenta antiqua, premier volume, chapitre premier. — Norris Brewer, introduction to the Beauties of England and Wales, p. 53.

les plus élevés de la chaîne de Malvern ; elle porte aujourd'hui le nom de *Herefordshire beacon*, et présente une enceinte irrégulièrement arrondie, entourée d'un fossé et d'un rempart en terre mêlée de cailloux. Des deux côtés de ce camp central on remarque sur la pente de la montagne, deux autres enceintes plus étendues protégées par un rempart, qui se communiquent au moyen d'un passage étroit garni de fossés.

Plusieurs autres forteresses sont divisées en plusieurs parties, comme la précédente. Cette disposition porte M. King à supposer que l'une des cours était réservée pour l'habitation, et que les troupeaux parquaient dans les autres.

Je ne peux vous présenter ici les curieuses descriptions que ce savant a données d'un grand nombre d'autres forteresses présumées d'origine brétonne. Ce qui m'a frappé en lisant son ouvrage, c'est qu'elles sont généralement moins étendues que les *oppida* observés en France, et qu'elles annoncent une population très-pauvre, dont la civilisation était moins avancée que celle des Gaulois.

LIMITES TERRITORIALES.

On a souvent attribué aux Romains, aux Saxons, ou aux Normands, de longues lignes de fossés que beaucoup d'antiquaires regardent aujourd'hui comme gaulois; ces ouvrages en terre sont peut-être moins rares qu'on ne le pense, dans les bois et dans les lieux incultes que la main des hommes n'a point encore nivelés. On croit qu'ils ont servi de limites ou de frontières entre des tribus gauloises.

Localités. Il serait possible qu'en Normandie on pût attribuer à la même époque le fossé de *Haguedic*, arrondissement de Cherbourg, qui paraît avoir été élevé pour séparer le cap de la Hague de la presqu'île du Cotentin, et qui a près d'une demi-lieue de longueur (voyez le numéro 125 de la carte de Cassini).

Il existe entre Neufchâtel et Aumale un rempart sur l'origine et la destination duquel on n'a point de renseignements. Ce fossé a deux lieues de longueur; il passe par Sainte-Beuve, le Mesnil-David, les Fusils et Neuville: le creux a deux mètres de largeur dans le fond, douze à treize mètres près du bord, et le *vallum* s'élève à deux mètres au-dessus des terres environnantes (1).

Mais je suis loin d'affirmer que cet ouvrage soit gaulois; car les usages qui ont appartenu aux époques les plus reculées ont souvent traversé les siècles et reparaissent à des époques très-éloignées les unes des autres, où les mêmes besoins ont nécessité les mêmes travaux. Ainsi l'un de nos ducs, Henri II, fit creuser, vers 1168, des fossés entre la France et la Normandie pour prévenir cette province des courses des pillards (2). D'autres fossés observés sur plusieurs points de la Normandie n'ont peut-être pas une origine plus ancienne.

En Angleterre on attribue aux Brétons des fossés très-étendus, dont quelques-uns sont coupés par des voies romaines. Le plus remarquable de tous est connu sous le nom de *Wansdike*. Il avait quatre-vingt milles de longueur, et on le distingue encore dans plus des trois quarts de cette étendue (3). Les antiquaires anglais pensent que ce retranchement

(1) Renseignements communiqués par M. E. Gaillard.
(2) Rex Henricus fecit fossata alta et lata inter Franciam et Normanniam ad prædones arcendos (*Chronica Normanniæ*, p. 1005.)
(3) Beauties for Oxfordshire, p. 13. — *Id.* for Cambridgeshire, p. 139.

a d'abord servi de limite entre les Belges et les Celtes aborigènes de la Brétagne, et que dans la suite les Anglo-Saxons l'ont adopté pour ligne de démarcation entre deux de leurs royaumes (1).

ROUTES.

On ne peut douter que les Gaulois qui transportaient leurs denrées et leurs marchandises sur des chevaux ou sur des chariots, n'eussent des routes pour communiquer d'une contrée à l'autre et pour accéder aux établissements de quelque importance ; mais il est bien difficile aujourd'hui de reconnaître ces anciennes voies faites sans art, qui n'avaient pas de caractères tranchés comme les routes romaines, et dont les apparences actuelles sont peu différentes de celles que présentent un grand nombre d'autres chemins anciennement fréquentés.

Il paraît cependant, d'après les observations faites en France et en Angleterre par des savants dont le témoignage mérite une grande confiance, que ces routes n'ont point été pavées ; qu'elles ne consistaient le plus souvent

(1) Norris Brewer introduction to the Beauties of England and Wales, p. 56.

que dans des travées percées dans les bois, sur le penchant des collines ou dans les campagnes ; qu'elles se divisaient fréquemment en plusieurs embranchements parallèles ; beaucoup de ces routes pouvaient même n'être que des sentiers, puisque Diodore de Sicile nous apprend qu'une grande partie des transports se faisaient à dos de cheval.

Enfin dans leur état actuel elles sont parfois creusées comme le lit d'une rivière, particularité qui peut souvent être le résultat d'un usage prolongé, et que présentent bien d'autres chemins moins anciens.

Les Gaulois n'ignoraient pas l'usage des ponts en bois, ils en avaient plusieurs sur la Loire, sur la Seine et sur d'autres rivières, mais ces ouvrages devaient être rares chez eux. On traversait ordinairement les cours d'eau au moyen de gués naturels ou artificiels. On peut donc tirer encore quelque parti, pour la reconnaissance des chemins gaulois, de leur direction vers des points guéables ; cependant cette seule circonstance ne pourrait fournir qu'un indice fort incertain ; car sous la domination romaine et long-temps après on n'a pas eu d'autres moyens pour franchir les rivières dans beaucoup de localités. Les inductions les plus certaines pour la détermination des routes gauloises sont celles que l'on peut tirer de leur direction vers les établissements dont la position est connue, tels que les *oppida*.

Localités. MM. Le Prévost, Gaillard et Féret, ont observé dans la Haute-Normandie plusieurs routes qui paraissent d'origine gauloise ; l'une d'elles se dirige vers les camps de Sandouville et de Boudeville (1).

M. de Gerville a décrit (2) des chemins très-anciens qui traversent la presqu'île du Cotentin dans plusieurs directions. Quelques-unes de ces voies sont peut-être antérieures à la conquête romaine.

Il est certain que les Romains ont adopté un grand nombre de routes gauloises, et qu'ils se sont contentés de les réparer. C'est ce qui a eu lieu pour un chemin qui, partant du pays des Unelles, traversait le territoire des *Bajocasses*, venait passer la rivière d'Orne, à deux lieues au-dessous de Caen, entrait dans le pays des Lexoviens, et se divisait ensuite en deux

(1) Notes communiquées par M. Gaillard.
(2) V. le cinquième volume de la Société des Antiquaires de Normandie.

branches dont une se rendait chez les *Caletes*, l'autre chez les *Eburovices*.

Tout porte à croire que plusieurs autres routes romaines, dont la direction est bien connue dans nos départements de l'Ouest, n'ont fait que remplacer des chemins plus anciens. Je vous ferai connaître les circonstances qui donnent lieu à ces présomptions, en traitant des voies romaines.

Ici se termine, Messieurs, la description que j'avais à vous présenter des monuments celtiques proprement dits. Malgré leur imperfection radicale ces monuments ont encore leur éloquence et leur poésie : « Solitaires et silencieux, ils ne frappent pas tout-à-coup comme les ruines de la Grèce ou de Rome, a dit avec raison M. Bégin [1], parce qu'ils ont cessé d'être en rapport avec nos usages et avec les objets dont ils étaient entourés. Mais si l'imagination rétablit les choses dans leur véritable point de vue; si elle se représente ces monuments de pierre, ces buttes, ces cavernes, ces vastes remparts, placés dans des lieux sauvages, ou environnés

---

[1] Histoire des sciences, des lettres, des arts et de la civilisation dans le pays Messin, p. 18.

de chênes qui s'élevaient majestueusement dans les nues ; si elle se figure là un conseil de chefs belliqueux délibérant sur les intérêts de la patrie avec l'audacieuse fierté d'un peuple libre, ou bien des prêtres immolant des victimes humaines, l'ame ne pourra se défendre d'un saisissement involontaire et d'une émotion profonde. »

Il me reste encore à vous rappeler que les monuments celtiques (principalement les pierres druidiques, les *tumulus*, etc.), sont presque tous l'objet de traditions fabuleuses ; ils sont, dit-on, l'œuvre d'un être colossal appelé *Gargantua*. Ils doivent recouvrir de grands trésors, des fées toutes puissantes, des esprits mutins et des revenants habitent près d'eux. Ces contes, tout absurdes qu'ils sont, font encore tant d'impression sur les villageois dans quelques contrées, qu'ils n'oseraient aller la nuit près des monuments celtiques (1) ; ils racontent même les aventures surprenantes de ceux qui se sont exposés aux dangers d'une pareille visite. M. Galeron a recueilli, dans l'arrondissement de Domfront, quelques traditions qui peuvent donner une idée de l'ignorance

---

(1) Je dois faire observer que des traditions fabuleuses se rattachent aussi à quelques monuments romains.

superstitieuse qui règne encore dans nos campagnes. Elles seront consignées dans le cinquième volume de la société des Antiquaires de Normandie.

CHAPITRE VII.

Les objets d'art qui peuvent être rapportés aux Celtes et que l'on rencontre en France sont pour la plupart en métal ou en pierre dure.—Les derniers sont regardés comme les plus anciens ; toutefois on a pu s'en servir encore long-temps après la découverte des métaux. — Description de quelques instruments en pierre. — Poignards et couteaux.—Pointes de flèches et de javelots.—Marteaux.—Pierres de fronde.—Haches, etc.— Le bronze était le métal favori des Celtes.— Recherches de M. Clarke sur la composition des bronzes celtiques. — Ils sont formés le plus souvent des mêmes quantités relatives de cuivre et d'étain que les bronzes de la Grèce et de l'Égypte.—Haches en bronze.—Leurs formes les plus ordinaires. — Quelques mots sur leur destination et sur les localités où on les rencontre habituellement. — Incertitudes au sujet de l'époque à laquelle on a cessé d'en faire usage. — Les haches de bronze ont été coulées. — Description de deux moules en bronze trouvés l'un en Angleterre, l'autre dans l'arrondissement de Valognes. — Épées de bronze. — Leur forme a beaucoup de rapport avec celle des plus anciennes épées grecques. — Poignards, pointes de lances et autres instruments en bronze. — Des ornements appelés *torques*; leurs différentes formes. — Description d'une espèce d'ornement de la classe des *torques* découvert à plusieurs reprises en Normandie et en Irlande. — Autres objets en or trouvés dans ces deux pays. — Des médailles celtiques. — Leurs types principaux. — Elles doivent être divisées en deux classes ; les unes sans inscriptions, antérieures à la domination romaine ; les autres avec des inscriptions et qui appartiennent aux premiers temps de l'ère gallo-romaine. — Importance des médailles celtiques. — Travaux de M. Lambert sur cette branche de la numismatique.—Poteries celtiques. — Leur caractère. — Description de quelques-unes de celles qui ont été trouvées en Normandie et en Angleterre.

Après avoir passé rapidement en revue les monuments attribués aux Celtes, je vais vous entretenir de quelques objets peu variés, mais très-nombreux, qui, selon toute apparence, ont été fabriqués par le même peuple, et qui ont été découverts sur presque tous les points de la France.

Parmi ces objets les uns sont en pierre dure, tels que le silex, les autres sont en métal.

Les métaux exigent une préparation à laquelle on n'a pu arriver dès le principe. Le bois, la pierre, furent sans doute les matières qui servirent à la confection des premiers moyens d'aggression ou de défense. On s'en tint long-temps à cela, jusqu'à ce que le hasard, père des découvertes, apprit aux hommes à travailler les métaux que la terre cachait dans son sein (1).

On regarde donc les instruments de pierre comme les plus anciens de tous. Mais ce principe doit-il être admis sans exceptions ?

Cette antiquité est-elle bien réelle dans tous les cas ? Sans doute les Gaulois se sont très-anciennement servi d'armes en métal ; mais s'ensuit-il que la population qui couvrait les forêts et les pâturages de la Gaule, ait dès-lors renoncé entièrement à ses usages héréditaires, qu'elle ait jeté loin d'elle le silex de ses ayeux pour lui substituer le bronze, matière toujours trop peu commune pour n'être pas d'un assez haut prix ? Telles sont les questions posées par M. Jouannet, de Bordeaux, dans une intéressante notice sur des instruments en pierre et en bronze présumés celtiques, découverts en grand nombre aux environs de Périgueux et dans le département de la Gironde. Ces questions si naturelles sont du nombre de celles qui ne seront peut-être jamais résolues. Aussi nous imiterons la sage réserve du savant antiquaire de Bordeaux, et sans rien affirmer, nous dirons avec lui que sans doute les instruments

(1) Histoire des sciences, des lettres, des arts et de la civilisation dans le pays Messin, par M. Begin.

en pierre remontent aux temps les plus reculés de notre histoire ; mais que leur usage a pu se prolonger plus long-temps qu'on ne le suppose ; que selon toute apparence les armes de pierre et celles de métal ont été d'usage en même temps, puisque souvent on a trouvé réunies dans la même sépulture la hache de silex et les armes de bronze.

Il est possible aussi que les circonstances locales aient influé sur le choix de la matière ; car les haches en silex sont communes dans les régions où la craie et certains calcaires contiennent des couches de silex (Haute-Normandie), tandis que celles de bronze abondent dans d'autres régions où les silex ne se rencontrent pas et où l'on ne trouve que des roches difficiles à tailler (Bocage normand, arrondissement de Cherbourg.)

Quoi qu'il en soit, nous nous occuperons d'abord des instruments de pierre, comme étant, au moins en général, plus anciens que les autres.

Instruments en pierre.

POIGNARDS ET COUTEAUX.

On a trouvé quelquefois dans les *tumulus*, sous des dolmens, près des pierres levées, et ailleurs des poignards en silex offrant une lame à deux tranchants terminée en pointe, légèrement renflée vers le milieu et bien distincte du manche. Celui que je mets sous vos yeux (pl. VII, fig. 4 *bis*) n'est pas originaire de France. Il a été découvert en Danemarck (1) et donné à la société des Antiquaires de Normandie par M. le baron de Stierneld ; mais on en a trouvé de semblables dans notre pays.

J'ai aussi observé dans plusieurs collections, notamment à Saumur (2) et à Poitiers (3) des espèces de couteaux de pierre qui ne sont pas aussi soignés que les précédents, et qui ne présentent qu'une simple lame sans manche, longue de cinq à neuf pouces.

POINTES DE FLÈCHES ET DE JAVELOTS.

On découvre aussi quelquefois en France et en Angleterre des petits dards en pierre que l'on reconnaît facilement pour des pointes de flèches.

---

(1) M. Joannet a décrit un poignard en silex également trouvé en Danemarck, et qui a la plus grande ressemblance avec le précédent ; je l'ai figuré pl. VII, n°. 4.

(2) Collection de M. Lange.

(3) Dans le musée de cette ville. — Dans la collection de M. Le Cointe.

Ces pointes n'ont pas toutes la même forme ni les mêmes dimensions ; les unes sont plus ou moins convexes, et munies sur les côtés de crochets tantôt aigus (pl. VII, fig. 5 et 6), tantôt légèrement arrondis (même planche, fig. 9, 12, 13); les autres se terminent en pointe de deux côtés, de manière que l'une ou l'autre extrémité pouvait indifféremment servir à armer un bois de flèche (fig. 7, 10, 11). La longueur des dards en pierre varie ordinairement depuis un demi pouce jusqu'à deux pouces et demi ; les plus communs sont de moyenne longueur.

Tout porte à croire que pour faire usage de ces instruments on fendait le bout d'une baguette, et qu'après y avoir engagé une partie de la pierre on l'y tenait solidement fixée au moyen de ligatures.

On a découvert aussi par fois des pointes en pierre qui avaient près de quatre pouces de longueur, avec une largeur et une épaisseur proportionnées (1), et qui probablement avaient servi à armer des javelots, des épieux et des lances.

Quelles que soient leur forme et leur grandeur, ces instruments sont le plus souvent en

(1) Mémoire de M. Jouannet, sur quelques instruments en ierre et en bronze.

silex, quelquefois polis, d'autres fois simplement dégrossis. (fig. 5, 6, 7, 8).

On en connaît aussi de quartz-hyalin opaque. et de pierres de différentes natures.

Avec les pointes en pierre on a découvert quelquefois, surtout dans les *tumulus*, des pointes en os qui ne peuvent guère avoir servi qu'à armer des javelots ou des flèches ; elles sont très-effilées, longues de deux à trois pouces, et plusieurs sont percées d'un trou à leur base, sans doute pour recevoir un tenon qui servait à les attacher au manche. (pl. VII, fig. 15, 16).

Quelques pointes de ce genre ont été figurées dans le quinzième volume de l'Archéologie britannique.

MARTEAUX.

Tel est le nom que je donne à un instrument tantôt arrondi d'un côté et coupant de l'autre (pl. VII, fig. 2), tantôt rond à ses deux extrémités, et percé de part en part comme pour recevoir un manche. Ces instruments ne sont pas rares dans les collections ; on en a découvert à la Brèche-au-Diable près de Falaise (1), sur

(1) V. la Statistique de Falaise, par M. Galeron, art. St.-Quentin.

plusieurs autres points de la Normandie, et en Angleterre ; ils sont faits le plus souvent de silex de grès, de granit de roches amphiboliques, de pierre ollaire, etc., et paraissent avoir servi au même usage que nos marteaux.

PIERRES DE FRONDE.

Ce sont des boules de deux à trois pouces de diamètre, tantôt rondes, tantôt ovoïdes, en grès, en quartz ou autres pierres dures, qui ont été découvertes le plus ordinairement dans les emplacements gaulois, et qui paraissent avoir servi de projectile pour les frondes. Le cabinet d'antiquités de Falaise (1) et beaucoup d'autres collections possèdent de semblables pierres. M. Jouannet en a décrit plusieurs provenant d'Écornebeuf, près de Périgueux.

HACHES.

Les instruments en pierre les plus communs de tous sont des espèces de haches ou de coins,

---

(1) Les pierres de fronde déposées au cabinet de Falaise ont été trouvées à la Brèche-au-Diable, commune de St.-Quentin (Calvados).

que plusieurs antiquaires ont appelés *celtæ*.

On ne peut mieux donner une idée exacte des haches dont il s'agit, qu'en les comparant à un coin de forme pyramidale, terminé d'un côté par une pointe mousse, et de l'autre par un tranchant acéré, dont le fil décrirait une portion d'ellipse (pl. VII, fig. 1). Vu de plat, l'instrument est plus ou moins convexe. Sur les deux bords, il est ordinairement taillé en vive arrête dans toute sa longueur, et la facette latérale qui en résulte ressemble à une feuille étroite et lancéolée. Quelques-unes de ces haches ont à peine deux pouces de longueur, d'autres ont près d'un pied et quelquefois jusqu'à quinze pouces (1); la plupart ont de quatre à neuf pouces : assez souvent le tranchant, partie la plus large, offre à peu près le tiers de la longueur, ce qui donne à l'instrument des proportions assez gracieuses (2).

Plusieurs haches offrent un rétrécissement du côté opposé au tranchant, mais sans se terminer en pointe comme les autres (pl. VII,

---

(1) J'en ai vu de cette dimension dans la collection de M. de La Fontenelle de Vaudoré, secrétaire de l'Académie de Poitiers.

(2) V. la notice de M. Jouannet, p. 3.

fig. 3); enfin quelques-unes sont traversées de part en part d'un trou cylindrique, vers leur petit bout.

Quant à la matière, c'est le plus ordinairement un silex jaune, noir, rougeâtre ou blanchâtre. Quelques haches sont faites d'une roche amphibolique verdâtre, de granite, de marbre, de grès, de pierre ollaire, de serpentine, de calcédoine, de jaspe, etc. (1).

Parmi le très-grand nombre de haches en pierre découvertes sur différents points de la France et de l'Angleterre, les unes sont polies et ne laissent rien à désirer sous ce rapport; mais il en est d'autres qui ne sont qu'ébauchées ou façonnées à moitié.

M. Jouannet, qui possède une collection considérable d'instruments en pierre trouvés près de Périgueux et dans le département de la Gironde, a donné sur ces haches impar-

(1) Quand on compare les haches et les flèches gauloises avec celles qui ont été trouvées chez quelques peuplades sauvages de l'Amérique, de la nouvelle Hollande, de la nouvelle Zélande, etc., on est frappé de leur parité; ce sont les mêmes formes, souvent la même matière. Cette observation prouve bien que dans toutes les parties de l'Univers les arts ont eu un berceau semblable; dans toutes les inventions et leur perfectionnement, le genre humain n'a suivi qu'une seule voie, celle qui est indiquée par la nature.

aites des détails qui ne peuvent manquer de vous intéresser, et que je vais rapporter textuellement.

« J'ai observé, dit-il, une assez grande quantité de haches simplement dégrossies à différents degrés, et d'autant plus curieuses qu'elles nous révèlent en partie le secret de leur fabrication et nous permettent de juger des procédés qu'on a employés.

« Un gaulois voulait-il se fabriquer une hache? Il choisissait d'abord quelque silex le plus approchant possible de la forme désirée; puis s'armant d'un marteau, il frappait son silex, tantôt sur un côté, tantôt sur l'autre, enlevant par écailles, d'abord assez grandes, toute la pierre inutile. A mesure que l'ouvrage avançait, les difficultés augmentaient. Pour amener la pierre au point de pouvoir être soumise au poli on se fait à peine une idée du nombre et de la petitesse des écailles qu'il fallait détacher sans offenser les bords latéraux ni le tranchant. Quelquefois, au moment de terminer, la main s'égarait, un coup malheureux enlevait trop, et la pierre était jetée au rebut. J'en ai trouvé plusieurs dans cet état; j'en ai vu d'autres dont le tranchant usé ou brisé après le poli avait été refait.

« La taille et la coupe des flèches exigeaient encore plus d'habitude et de dextérité.

« Quelle patience, quel temps, quelle adresse ne demandait pas un semblable travail ! J'ai compté plus de deux cents petites écailles enlevées sur une flèche qui n'avait guère plus d'un pouce sur six lignes ; et cependant je ne voyais là que la plus faible partie du travail, la dernière trace du fini (1). »

On découvre fréquemment des haches en pierre dans les *tumulus* et dans les lieux où des peuplades gauloises paraissent avoir séjourné. Il n'y a guère de collections qui n'en renferment quelques-unes.

Celles que l'on rencontre le plus communément en Normandie sont faites en silex du pays.

Mais il n'est pas très-rare d'en trouver aussi de pierre ollaire et de serpentine ou autres roches étrangères à nos contrées. En considérant que la matière dont sont faites assez souvent les haches et les autres instruments que nous avons examinés, provient de localités fort éloignées de celles où on les rencontre, il paraîtrait que leur fabrication était une branche d'industrie dans certains endroits de la Gaule ; la réunion

(1) Mémoire cité pages 4 et 5.

observée sur certains points d'un nombre considérable d'objets de cette nature dont les uns n'étaient qu'ébauchés, tandis que les autres étaient terminés et polis, vient à l'appui de cette conjecture.

M. Jouannet rapporte que dans ses fouilles à Ecornebœuf, près de Périgueux, où l'on a recueilli une quantité considérable d'instruments en silex, il a observé plusieurs carreaux d'une roche excessivement dure, usés sur une de leurs faces, comme si l'on s'en fût servi pour polir : il ne doute pas qu'il n'y ait eu dans cette localité une fabrique d'armes en pierre.

Destination. Il n'est pas facile de concevoir comment les Gaulois se servaient des instruments dont nous venons de parler. Plusieurs antiquaires croient qu'on fixait l'extrémité pointue de la pierre dans une espèce de maillet, et que ce maillet muni d'un manche pouvait servir en guise de hache ; ou bien que les haches les plus longues et les moins convexes étaient engagées par le milieu au bout d'un bâton fendu auquel on les attachait solidement au moyen de ligatures.

D'autres ont pensé que les haches de pierre se tenaient dans la main quand on se battait corps à corps ; c'est de là que leur est venu le nom de *Casse-têtes*, sous lequel on les désigne quelquefois.

On croit aussi qu'elles ont servi dans les sacrifices, et que l'instrument homicide des batailles pouvait devenir un instrument sacré entre les mains des druides.

Quoi qu'il en soit de ces opinions, il ne faut pas toujours juger de la destination des objets par leur forme et il y a lieu de croire que les mêmes espèces servirent à des usages différents, comme le fait judicieusement remarquer M. Jouannet. Ainsi la hache de silex pouvait, suivant les circonstances et peut-être suivant ses dimensions, être une arme de guerre, un instrument de sacrifice, ou servir à dépecer une proie. Tout porte à croire que ces haches de petite dimension (pl. VII, fig. 17) dont l'effet eût été presque nul pour la défense, étaient employées à couper des viandes ou à quelque autre usage journalier. Il serait d'ailleurs difficile d'expliquer autrement la prodigieuse quantité de haches qui a été découverte sur tous les points de la France et de l'Angleterre, ainsi que la variété de leurs dimensions.

Il me reste à vous parler d'un passage de

Guillaume de Poitiers qui m'a été indiqué par M. Deville, et d'où il paraîtrait résulter qu'en Angleterre on s'est encore servi d'armes en pierre dans le XIe. siècle. Cet historien rapporte qu'à la bataille d'Hastings« les Anglais lançaient « sur les Normands des épieux et des traits « de diverses sortes, des haches terribles *et* « *des pierres appliquées à des morceaux de* « *bois* (1).»Ce fait est extrêmement curieux et fort étonnant. Peut-être pourrait-on l'expliquer en songeant que l'armée d'Harold se composait non seulement d'Anglais, mais encore d'un grand nombre de Danois, peuple chez lequel les arts sont demeurés très-long-temps dans l'enfance, et qui paraît n'avoir abandonné entièrement que très-tard l'usage des instruments de pierre.

Objets en métal.

De bonne heure les Gaulois découvrirent et exploitèrent des mines sur plusieurs points de leur territoire. Ils durent aussi recevoir très-anciennement l'étain, l'une des productions les plus précieuses de l'île de Brétagne (2).

---

(1) Jactant (Angli) cuspides ac diversorum generum tela sævissimas quasque secures et LIGNIS IMPOSITA SAXA. — *Guillaume de Poitiers, hist. de Guillaume-le-Conquérant.*

(2) La découverte de l'étain dans l'ouest de la Brétagne donna

Le métal favori des Celtes était le cuivre ; ils en fabriquaient leurs lances, leurs épées et leurs haches d'armes.

Le fer, le plus utile de tous les métaux, et celui que la nature a répandu le plus abondamment dans tous les pays, se rencontre presque toujours en parties très-fines et disséminées ; on ne peut l'obtenir à l'état de pureté qu'au moyen de plusieurs opérations compliquées, et vraisemblablement on ne commença à s'en servir qu'après avoir fait usage du cuivre.

D'un autre côté ce dernier métal offrait une propriété qui le fit pendant long-temps préférer à tout autre pour certains ouvrages ; celle d'entrer facilement en fusion et de prendre la forme du moule qu'on lui imposait : voilà pourquoi nous découvrons si souvent et en si grand nombre des instruments celtiques de bronze, tandis que nous rencontrons très-peu d'objets en fer auxquels nous puissions attribuer la même origine. Il y avait cependant en Gaule de grandes fabriques de fer que César appelle *Ferrières*, et dont les produits trou-

---

lieu aux visites des marchands phéniciens à une époque très-reculée. L'entrepôt de ce métal fut d'abord placé dans les îles de Silly, ensuite on le transféra dans l'île de Wight, plus voisine de la Gaule. — Norris Brewer, introduction to the Beauties of England and Wales, . 57.

vaient nécessairement leur emploi (1).

Les Celtes-Brétons tiraient le cuivre du continent, et il paraît que chez eux le fer était plus rare que chez les Gaulois, à l'époque de la conquête romaine (2).

Les Celtes n'ignoraient pas que l'étain combiné avec le cuivre produit un alliage plus dur et plus pesant que ces deux métaux séparés; les analyses que le célèbre minéralogiste Clarke a répétées en Angleterre, et celles qui ont été faites en France, ont prouvé que sur cent parties la plupart des anciens bronzes celtiques en contiennent douze de plomb ou d'étain et quatre vingt-huit de cuivre (3); mais que cette proportion n'est pas constante, et que la quantité d'étain ou de plomb combinée au

(1) Apud eos magnæ sunt Ferrariæ, Ces. de Bell. Gall.
(2) Nascitur ibi plumbum album in Mediterraneis regionibus, in maritimis ferrum; *sed ejus exigua est copia*, ære utuntur importato. Ces. de Bell. Gall., lib. v, cap. xii.
(3) V. le xix°. vol. de l'*Archeologia*. — Pline rapporte (liv. xxxiv, cap. viii) que les Gaulois mêlaient un huitième d'étain avec leur cuivre pour en faire du bronze; or les douze parties d'étain dont l'analyse démontre la présence dans les instruments celtiques font le huitième de 96. Il n'y a donc qu'une très-légère différence entre la quantité relative de cuivre et d'étain reconnue par l'analyse et celle qui est indiquée par Pline. On pourrait même regarder cette différence comme nulle, car l'auteur romain a dû négliger les fractions pour choisir le terme de proportion le plus simple.

cuivre, varie par fois depuis quatre jusqu'à quinze par cent.

Le même savant, M. Clarke, a reconnu que les anciens bronzes découverts en Grèce, en Egypte et dans quelques parties de l'Asie, contenaient la même quantité relative de cuivre et d'étain (88—12); et il paraît que telle est la proportion nécessaire pour obtenir le *maximum* de densité résultant de l'alliage de ces deux métaux (1).

On a souvent constaté la présence du fer dans des instruments en bronze présumés d'origine celtique. M. Vauquelin a trouvé dans une hache de bronze quatre-vingt-sept parties de cuivre sur neuf parties d'étain et trois par-

---

(1) « M. Hatchett a déterminé, dit M. Clarke, la même quantité
« relative de cuivre et d'étain (88—12) dans des clous de bronze
« découverts à Mycène dans un ancien tombeau ; plusieurs têtes
« de lances trouvées dans le sud de la Russie et analysées par
« le docteur Wollaston ont offert la même composition. Moi-
« même j'ai analysé un très-grand nombre de lampes en bronze
« de l'ancienne Egypte, ainsi que des petites statues de dieux
« lares, des armes et autres objets de la même contrée, qui m'ont
« donné le même résultat, aussi bien que des médailles et plu-
« sieurs bronzes venus de l'Inde ; j'ai lieu de croire que je trou-
« verai les mêmes éléments et en proportions semblables, dans
« plusieurs idoles chinoises dont je n'ai pas encore pu faire l'a-
« nalyse. C'est une chose bien remarquable que le rapport
« qui existe dans la composition des bronzes découverts dans
« des localités si éloignées. » *Archeologia*, tom. XIX.

ties de fer. Presque toutes celles qui sont déposées dans la collection de la société des Antiquaires, et qui ont été découvertes dans le département de la Manche, contiennent aussi du fer(1).

La présence de ce métal provient d'une combinaison naturelle et non pas d'un mélange artificiel; la plupart des mines de cuivre fournissent en effet un métal dur et aigre qui a besoin d'être dépouillé des parties ferrugineuses et sulfureuses qu'il contient ; mais les anciens ne lui faisaient point subir cette préparation qui l'aurait rendu plus malléable et moins propre à l'usage auquel on le destinait.

Le métal dont sont formés les instruments celtiques que j'ai observés est généralement cassant, ses fractures ont l'aspect terreux ; mais sous la lime il prend la couleur et le brillant de l'or.

On a souvent répété que les Gaulois trempaient le cuivre pour lui donner plus de dureté ; cette assertion qui a toujours été faite assez vaguement ne me paraît pas fondée ; en effet, d'après les expériences de M. Darcet fils, l'alliage de cuivre et d'étain chauffé au rouge et

(1) Elles ont été analysées par M. Hubert, pharmacien, membre de la société Linnéenne de Normandie.

plongé dans l'eau froide, se ramollit au point de pouvoir être ciselé, martelé, buriné, et pour lui rendre sa dureté première, il faut le chauffer de nouveau et le laisser refroidir lentement (1).

HACHES EN BRONZE.

Il existe une ressemblance assez remarquable entre certains instruments de bronze qu'on trouve abondamment en France, et les haches de pierre que nous avons examinées précédemment.

Ces instruments affectent tous des formes qui approchent plus ou moins de celle d'une hache mais qui offrent entre elles des différences assez marquées. Ils ont piqué la curiosité d'un grand nombre d'observateurs, et souvent ils ont été décrits (2).

Je vais me borner à vous faire connaître les cinq ou six espèces de haches qu'on rencontre

---

(1) Minéralogie appliquée aux arts, par M. Brard, t. 1, p. 473 et suiv.

(2) Notamment par M. Jouannet, dans le mémoire déjà cité. — Par M. de Gerville, dans le quatrième volume de la société des Antiquaires de Normandie. — Par Montfaucon. — Par Caylus. — Dans les tom. V et XIX de l'Archéologie Britannique. — Dans les antiquités de Périgueux, par M. de Taillefer, et dans un grand nombre d'autres ouvrages plus ou moins connus.

le plus ordinairement; mais vous pourrez en observer plusieurs autres dans les collections.

La hache n°°. 1—2 (pl. VIII) ressemble beaucoup à un coin; elle est creuse intérieurement et munie d'un petit anneau sur un des côtés. Les haches de cette espèce ont assez ordinairement un pouce ou un pouce et demi de diamètre vers la tête, et depuis quatorze jusqu'à vingt lignes de largeur au tranchant; leur longueur est généralement de trois à six pouces; on en a cependant trouvé qui avaient à peine deux pouces de long. Les facettes latérales ont la forme d'une feuille lancéolée; la trace de la jonction des deux pièces du moule dans lequel ces instruments furent coulés forme la côte de la feuille (pl. VIII, n°. 2). On a découvert une quantité considérable de haches de cette forme dans le département de la Manche, comme on le voit en lisant un intéressant mémoire de M. de Gerville, qui fait partie du quatrième volume de la société des Antiquaires de Normandie. J'en ai trouvé moi-même environ un demi-boisseau à Villedieu chez un marchand de cuivre qui me les a cédées pour la collection de la Société.

La hache n°. 3 (pl. VIII) est creuse intérieurement comme la précédente; mais sa forme est bien plus élégante : la tige est d'abord arrondie à l'extrémité supérieure, puis elle devient héxagone à partir du crochet latéral. La forme de hache se prononce près du tranchant qui décrit une courbe elliptique très-prononcée.

La hache n°. 4 se rapproche beaucoup de la précédente ; mais elle est plus courte et n'a pas de crochet latéral.

La hache n°. 5 n'est point creuse intérieurement. La tige de l'instrument renflée au premier tiers de sa longueur diminue ensuite vers les deux extrémités, ce qui donne à la facette latérale la figure d'un fer de javelot. On remarque au centre de la lame un bourrelet qui s'abaisse et disparaît vers le tranchant. La partie antérieure de l'instrument est évidée des deux côtés sur le plat de la tige, jusqu'au renflement ; c'est à ce dernier point que le vide ménagé a le plus de profondeur : il était probablement destiné à recevoir un manche dans lequel une partie de la hache devait se trouver engagée, comme je vais essayer de vous le montrer par une figure tracée sur le tableau (voyez pl. VIII, fig. 6—7).

Cette espèce de hache est extrêmement commune dans tous les pays, et je l'ai trouvée dans presque toutes les collections que j'ai eu l'occasion de visiter. On en a découvert dans l'arrondissement de Vire, au Tourneur et à Campaux; à Saint-Quentin près Falaise; à Vaubadon près Bayeux (1); à Beny dans l'arrondissement de Caen; à Fermanville près de Cherbourg, et dans beaucoup d'autres localités de la France occidentale. On en rencontre aussi très-fréquemment en Angleterre.

Une autre espèce de hache, renflée comme la précédente (n°. 8), et évidée comme elle au premier tiers de sa longueur, s'en distingue par l'absence de l'anneau latéral, et surtout parce que les bords minces et saillants qui garnissent la partie évidée sont reployés sur elle de manière à former une espèce de coulisse propre à retenir le manche que l'on voulait y engager. J'ai vu de pareilles haches dans plusieurs collections particulières, et dans les collections publiques de Poitiers, de Saumur, d'Angers et de Paris.

L'instrument n°. 9 est évidé sur le plat des deux côtés dans presque toute sa longueur, et muni de rebords droits, saillants de trois à quatre lignes, qui s'abaissent à mesure qu'ils s'éloignent du centre de la tige.

(1) Localité indiquée par M. Lambert.

Quelques haches de cette espèce se terminent par deux tranchants de même largeur ; mais la plupart ont une extrémité plus étroite que l'autre. On voit des haches semblables au musée de Saumur, dans celui de Poitiers et dans la collection de M. Jouannet à Bordeaux.

Enfin la hache n°. 10 se compose d'un morceau de métal assez plat, sans rebords ni crochet latéral, et un peu renflé au milieu, qui s'amincit vers les deux extrémités de l'instrument. Dans quelques haches de cette espèce, le tranchant est très-épanoui et taillé en demi cercle au lieu de décrire une ellipse. On en voit de pareilles dans les musées de Saumur et de Poitiers.

Destination. On n'a pas fait moins de conjectures sur l'emploi des haches en bronze que sur celui des haches en pierre ; c'étaient des armes offensives, selon les uns ; des instruments de sacrifice, selon d'autres ; quelques antiquaires y ont vu des outils de menuiserie. M. Traullé d'Abbeville les regarde comme des dents de herse; M. de Taillefer comme une sorte de bêche ayant servi à enlever les terres qui s'attachent au soc de la charrue en labourant. Les auteurs de l'Encyclopédie en ont fait des ferrures destinées à garnir l'extrémité des pieux qui soutenaient les tentes romaines, sans réfléchir que les instruments dont il s'agit se rencontrent principalement dans les contrées qui ont appartenu aux Celtes, et que d'ailleurs un pieu destiné à être enfoncé dans un sol résistant devrait être armé d'une pointe et non d'un fer de hache. On a fait bien d'autres conjectures que je me dispense de mentionner.

Une telle divergence d'opinions vous déterminera sans doute à n'en adopter exclusivement aucune, en même-temps qu'elle vous prouvera que l'inconnu est susceptible d'une foule d'interprétations contradictoires.

Le parti le plus sage serait, je crois, d'admettre, comme nous l'avons fait pour les haches en pierre, que le même instrument pouvait avoir plusieurs destinations, et suivant les circonstances, devenir une arme redoutable, ou être employé comme outil à différents usages domestiques.

Localités. On a découvert une grande quantité de haches en bronze dans nos départements de l'Ouest; quelquefois elles sont enfouies en terre sans précaution; mais le plus ordinairement on les trouve renfermées en nombre plus ou moins considérable dans des vases d'une poterie grossière.

Ces trouvailles ont été faites principalement dans des localités qui avaient été anciennement habitées par les Gaulois et auprès des pierres druidiques. M. de Gerville a remarqué que la partie orientale de l'arrondissement de Cherbourg, dans laquelle on a exhumé une grande quantité de ces instruments, renferme plus de monuments celtiques que les autres cantons du département de la Manche.

Mais on trouve aussi très-fréquemment des haches en bronze dans des emplacements couverts de ruines romaines ; j'en ai acquis la certitude par moi-même et par les renseignements que j'ai recueillis dans mes voyages.

Le séjour que des peuplades gauloises ont pu faire dans les mêmes lieux antérieurement à la conquête de la Gaule, expliquerait jusqu'à un certain point ce mélange ; cependant comme on a souvent observé des haches de bronze absolument au même niveau que des poteries et autres objets de fabrique romaine, on ne peut se refuser à admettre qu'elles ont encore été en usage après la conquête. Quelques antiquaires sont même persuadés que beaucoup de haches ont été faites sous la domination romaine.

Ces instruments pourraient donc en partie être classés parmi les antiquités gallo-romaines ;

et c'est un motif pour vous rappeler que le Gaulois devenu romain a pu conserver longtemps encore une partie de ses anciennes coutumes, et que nos divisions chronologiques appliquées à l'histoire de l'art ne doivent pas être regardées comme absolues.

MOULES A HACHES CELTIQUES.

Les haches en bronze ont évidemment été coulées dans des moules composés de deux pièces symétriques comme ceux dont se servent encore aujourd'hui les étameurs pour couler les cuillers d'étain.

Il est possible que quelques-uns de ces moules fussent en terre; mais les seuls que l'on ait trouvés étaient de bronze comme les haches, et ils avaient été coulés comme elles.

Le premier moule à haches celtiques qui ait excité l'attention des savants fut découvert en Angleterre; il a été décrit par M. Lort dans le cinquième volume de l'Archéologie Britannique publié en 1779 (1). Voici le dessin que la Société de Londres en a fait graver (pl. IX). Vous voyez par cette figure (n°⁵. 5, 6, 7) que l'instrument avait servi à former des haches de

(1) V. ce volume, p. 106.

l'espèce n°. 3 (v. p. 227); qu'il se composait de deux pièces creuses qui pouvaient se joindre et être ainsi maintenues sans se déranger, au moyen d'une nervure saillante qui existait sur la tranche de l'une des pièces (n°. 7) (1), et s'engrenait dans une rainure pratiquée sur la tranche de l'autre pièce (n°. 6); que toutes deux étaient ornées extérieurement de nervures formant une sorte d'encadrement (n°. 5), et sur lesquelles on remarquait des saillies figurant des têtes de clou ; qu'enfin un petit anneau était placé en guise d'anse vers le centre de cet encadrement, et à peu près au milieu de chaque pièce.

Environ cinquante ans plus tard (en 1827) on a découvert à Quettetot, près de Briquebec (Manche), un autre moule à haches, également en bronze, qui a beaucoup de rapport avec le précédent, et dont M. de Gerville a donné la description dans le quatrième volume de la Société des Antiquaires de Normandie. Cet objet, extrêmement curieux et parfaitement conservé, fait aujourd'hui partie de la collection de M. Duchevreuil de Cherbourg (2); il se compose,

(1) Lorsqu'elle fut découverte, la pièce n°. 7 était brisée à son extrémité inférieure, comme le montre la figure.
(2) Le moule dont je parle allait disparaître dans le creuset d'un chaudronnier, lorsque M. Duchevreuil en a fait l'acquisition.

comme le premier, de deux pièces symétriques (pl. IX, n°⁸. 1, 2), creusées de manière à présenter par leur réunion la forme d'une hache de l'espèce n°. 1 avec son anneau latéral, et qui se terminent en cœur à leur partie inférieure. Comme dans le moule trouvé en Angleterre, les deux pièces pouvaient être maintenues l'une contre l'autre sans se déranger, au moyen d'une nervure en saillie sur la tranche de l'une (fig. 2), qui s'emboitait dans une rainure ménagée dans l'épaisseur de l'autre (fig. 1), et de plus, au moyen d'un bouton placé à la partie inférieure de la première pièce et qui s'engageait dans la seconde; chaque pièce était munie extérieurement d'une anse.

Le dessin que je mets sous vos yeux vous montre d'abord les deux pièces séparées et vues intérieurement (fig. 1, 2).

Secondement l'une des pièces vue extérieurement (fig. 4);

Et enfin les deux pièces réunies (fig. 3) vues dans le sens de leur jonction (1).

Un autre moule fut exhumé en 1806 dans la commune de Saint-Martin-Don (Calvados),

---

(1) Les deux moules que j'ai figurés pl. 1x, ayant servi à former des haches creuses, on devait y introduire, avant de couler le métal, un noyau propre à maintenir le vide que nous remarquons dans ces haches.

sur la rive gauche de la Vire, au pied de *la Roche-Blanche*, avec un grand nombre de haches en bronze ; mais il fut malheureusement égaré. On trouva en même-temps un petit fourneau rempli de cendres et de charbon, dans lequel on avait, selon toute apparence, fondu le métal qui avait servi à former les coins de bronze (1). Une fonderie à peu près semblable a été trouvée en 1821 par un cultivateur d'Anneville-en-Saire (Manche); M. de Gerville, auquel rien de ce qui peut intéresser les sciences archéologiques ne saurait échapper, s'empressa de visiter les lieux, et il vit parmi plusieurs objets de différentes formes, une cuiller de fer contenant un culot de bronze du poids de deux livres ; ce métal avait été mis en fusion et il avait pris la forme de la cuiller ; le tout était entouré de cendre et de charbon (2).

On a découvert de pareilles fonderies à Ecornebœuf près de Périgueux (3); dans la

(1) Mémoires de la Société des Antiquaires de Normandie, tom. IV, p. 512.
(2) *Ibid.*, p. 287.
(3) Mémoire de M. Jouannet, p. 10. — On a rencontré à plusieurs reprises dans cet emplacement très-fécond en antiquités celtiques, plusieurs blocs de cuivre non encore travaillé, ainsi que des débris de creusets et des scories. Il y a lieu de supposer avec M. Jouannet que les Gaulois qui l'habitèrent s'y occupaient de la fonte et de la manipulation du cuivre.

paroisse de Lanan, comté de Cornouailles, en Angleterre(1); dans le comté d'Essex (2) et dans quelques autres localités.

ANTIQUITÉS D'UNE ORIGINE INCERTAINE.

Les opinions sont très-partagées sur l'origine que l'on doit assigner à quelques armes en bronze et à certains objets d'ornement trouvés en France et en Angleterre, dont je vais maintenant vous entretenir.

Pour les uns ce sont des antiquités romaines et pour les autres des antiquités celtiques. Comme je ne sache pas que l'une ou l'autre de ces deux manières de voir ait encore prévalu définitivement, je vous propose d'admettre une distinction déjà faite par M. de Gerville (3), et de regarder l'origine de ces objets comme étant fort incertaine.

ÉPÉES DE BRONZE.

Les épées de bronze se composent d'une lame et d'un manche tout d'une pièce. Elles sont

---

(1) Le Quinzième volume de l'Archéologie britannique renferme, p, 118, une description de la fonderie découverte à Lanan ; on en retira plusieurs lingots de cuivre et des haches de bronze.
(2) Borlase antiquities of Cornwal.
(3) Mémoires de la Soc. des Antiq. de Norm., t. iv.

droites, plates, renforcées vers le centre, et quelquefois renflées vers les deux tiers de la lame (pl. VIII, fig. 11). Elles coupent de deux côtés et se terminent en pointe. Leur longueur varie depuis vingt pouces jusqu'à deux pieds et demi.

La lame n'a le plus souvent qu'un pouce et demi ou deux pouces dans sa partie la plus large, et sa plus grande épaisseur n'est que d'un quart de pouce.

Le manche est aussi plat que la lame, souvent il porte des clous de bronze saillants (pl. VIII, fig. 12) qui avaient servi à fixer une garniture.

Ces épées ont été coulées comme les haches, et le métal qui les forme est absolument le même.

On en a découvert plusieurs dans le Poitou (1), l'Anjou, la Brétagne (2), la Picardie, la Normandie, et probablement dans bien d'autres provinces. M. de Gerville en possède quatre provenant des environs de Lessay, département de la Manche. J'en ai vu au cabinet d'antiquités de la bibliothèque royale, et dans ceux de Nantes, de Poitiers, de Saumur, etc.

(1) V. la notice de M. l'abbé Gibaut, dans le Bulletin de la Soc. Académ. de Poitiers, année 1829, p. 273.

(2) Mém. de M. Athénas, dans le Lycée Armoricain, t. 11, p. 279.

Les antiquaires qui regardent ces armes comme romaines se fondent principalement sur ce que les épées des Celtes étaient plus larges et sans pointe, au témoignage des écrivains (1).

Les partisans de l'opinion contraire prétendent que les Romains n'avaient plus l'habitude d'employer le bronze à fabriquer leurs armes offensives lorsqu'ils conquirent la Gaule; que la longueur de leurs épées ne dépassait pas ordinairement quinze pouces, au lieu que plusieurs épées de bronze ont deux pieds et demi de longueur.

M. Clarke ajoute (2) que les épées de bronze diffèrent essentiellement des épées romaines par leur forme, et qu'elles paraissent avoir été modelées sur les plus anciennes épées grecques. Si elle était bien constatée, cette analogie serait d'autant plus intéressante qu'elle révélerait d'anciennes relations entre la Grèce et la Gaule, relations que les médailles celtiques et beaucoup de circonstances concourent à rendre probables. Toutes fois je ne dois pas vous laisser ignorer que les épées en bronze ont été trouvées parfois avec des objets

(1) Polib., lib. II. — III.
(2) *Archœologia*, t. XIX, p. 57.

de fabrique romaine, ce qui paroîtrait annoncer une autre origine.

POIGNARDS EN BRONZE.

Ces instruments ressemblent aux épées, excepté que leur lame est beaucoup plus courte. La longueur de quelques poignards est de dix à quatorze pouces, et la largeur de la lame de deux pouces ou deux pouces et demi à sa base.

TÊTES DE LANCE.

Des têtes de lance d'une forme élégante (pl. VIII, fig. 13, 14) que l'on a découvertes plus souvent encore que les épées, ont donné lieu aux mêmes opinions et aux mêmes incertitudes. Quelques-unes ont été figurées dans le quatrième volume de la société des Antiquaires de Normandie (1), et il n'est pas rare d'en rencontrer dans les collections. Celle dont vous voyez le dessin a été trouvée en Angleterre.

Avec les armes précédentes on a rencontré parfois des objets que l'on regarde comme des espèces de virolles ou de ferrures pour la partie inférieure des bois de lance (pl. VIII, fig. 15, 16, 17 et 18); un trou percé latéralement

(1) V. les pl. xvi et xvii.

était sans doute destiné à recevoir le clou qui devait les fixer au manche. Quelques-unes de ces viroles ont une espèce de base ou d'empatement circulaire de deux pouces environ de diamètre (pl. VIII, fig. 15—16). M. Clarke qui en a trouvé de semblables à Fulbourn en Angleterre, rapporte que des lances grecques sont représentées avec la même terminaison sur quelques vases peints. Cette analogie est d'autant plus intéressante à noter que les têtes de lance et leurs viroles ont été très-souvent découvertes avec les épées de bronze dans lesquelles on reconnaît, comme nous l'avons vu, un type grec fort ancien.

TORQUES.

Plusieurs historiens nous attestent que les Gaulois portaient des colliers ou *torques*, ainsi que des bracelets et des anneaux passés aux bras(1). Le collier était connu également chez les Grecs, chez les Romains (2) et chez plusieurs autres peuples; il n'y a peut-être pas d'ornement qui ait été d'un usage plus ancien ni

---
(1) Gestant enim aureos circum colla torques, et circa brachia ac manus cum brachio commissuram brachiolia. StraLon, liv. iv.
(2) Tite-Live, lib. xxxvi.

plus général (1), et c'est ce qui contribue à faire naître des incertitudes sur l'origine de ceux qu'on a rencontrés en France.

Il faut distinguer parmi les *torques*: d'abord ceux qui se composent de plusieurs pièces mobiles et qui offrent tantôt des chapelets de grosses perles d'ambre, de jais, de verre de couleur, etc., comme on en a trouvé dans quelques *tumulus* (voyez p. 131); tantôt des chaînes dont les anneaux sont en or ou en bronze.

Secondement les *torques* composés d'une seule pièce de métal (or, bronze, etc.) recourbée de manière à former un cercle d'un diamètre plus ou moins considérable, quelquefois orné de ciselures. Dans beaucoup de *torques* les deux extrémités de la pièce métallique ne sont pas soudées, mais crochetées ou simplement rapprochées; la flexibilité du métal permettait de les écarter et d'ouvrir l'anneau; d'autres *torques* n'offrent point ce caractère (2).

---

(1) La Genèse rapporte que ce fut un des signes de distinction donnés à Joseph par le roi Pharaon.

(2) Dans une Dissertation sur les colliers des anciens, qui fait partie du douzième volume de l'intéressante collection de Grevius, et qui est intitulée : *De Antiquorum torquibus*, Scheffer établit une distinction entre les deux genres de colliers que je viens de mentionner. Il désigne sous le nom de *cercles* (circuli) les colliers d'une seule pièce. *Circuli rotundi quidem, ad duri*

Je vous propose de ranger dans la classe des *torques* des ornements en or très-singuliers qui ont été découverts au nombre de trois dans la presqu'île du Cotentin, et que M. de Gerville a décrits dans le IVe. volume de la Société des Antiquaires de Normandie. L'un de ces ornements, le seul qui ait été dessiné avant d'être fondu, avait été trouvé à Saint-Cyr, près de Valognes; il consistait dans une plaque d'or assez mince, taillée en forme de croissant, mais dont les crochets étaient recourbés, de manière à former un cercle presque entier. On remarquait près des bords et aux extrémités de cette pièce, des festons et quelques autres moulures dont le dessin que je vous présente indique la disposition (pl. X , fig. 4).

Le peu d'espace qui existait entre les deux pointes du croissant ne permettait pas de croire que cet ornement eût pu être passé au cou; probablement il tombait sur la poitrine suspendu au moyen d'une chaîne (1).

fuere, crassioresque, ex unâ massâ, figura orbiculari, etc.... cum torques essent mobiles et ex annulis, circuli solidi ac rotundi vel simpliciter, vel cum flexuris striisque. La distinction de Scheffer est très-juste, mais on est dans l'usage d'appeler indistinctement *torques*, tous les colliers des anciens.

(1) M. Pluquet rapporte (histoire de Bayeux, p. 58) qu'on a découvert en 1820, dans la commune de Fresnay-sur-Mer, deux

Vers le milieu du siècle dernier on a découvert en Irlande plusieurs objets en or qui offraient la plus grande ressemblance avec celui dont je viens de parler.

Vous serez frappés de cette analogie en voyant le modèle que j'ai l'honneur de vous présenter (pl. X , fig. 3) de l'un de ces objets, tel qu'il a été gravé dans le second volume de l'Archéologie britannique. Vous remarquerez que les moulures qui le décoraient différaient très-peu de celles qu'on voyait sur le croissant trouvé à Saint-Cyr , et qu'elles étaient disposées de la même manière. Vous remarquerez aussi que les extrémités de cette pièce étaient munies de deux petits disques ou boutons ayant à peu près la grandeur de nos pièces de cinquante centimes, et qui peut-être avaient servi à crocheter la chaîne à laquelle cet ornement était suspendu.

Les autres croissants d'or découverts en Irlande différaient peu du précédent ; seulement ils avaient perdu une partie de leurs extrémités,

---

morceaux d'or ouvragés et contournés, d'un poids assez considérable , qui furent vendus à un orfèvre et fondus de suite. Peut-être ces objets avaient-ils du rapport avec ceux qui ont été trouvés dans le Cotentin. Plus anciennement on avait exhumé plusieurs bracelets de cuivre à Fresnay.

et quelques-uns étaient unis ou très-peu ornés.

Une chose à remarquer c'est qu'ils pesaient à peine deux onces chacun, ce qui suppose bien peu d'épaisseur à la feuille d'or qui les formait (1).

Quelques années après on découvrit encore en Irlande un croissant en or parfaitement conservé et plus grand que tous ceux qu'on avait rencontrés auparavant ; il a été décrit et figuré de grandeur naturelle dans le VIIe. volume de l'*Archeologia* (2).

Les opinions ont été très-divisées parmi les Antiquaires anglais sur la destination de cet ornement ; le lord chancelier Newport a prétendu que c'était une espèce de pectoral ou de plaque que les princes ou les nobles de l'Irlande portaient pendante sur la poitrine, à une époque très-reculée, pour se distinguer de leurs sujets (3) ; la plupart des membres de la Société des Antiquaires de Londres s'accordent à le regarder comme remontant à une haute antiquité et comme pouvant fournir, par sa présence en Irlande, une nouvelle preuve des relations que

---

(1) *Archeologia*, vol. II, p. 36.
(2) V. la pl. XIII.
(3) V. la Notice de M. Prococke, dans le deuxième volume de l'*Archeologia*.

les peuples de l'Orient (Phéniciens , Syriens , Carthaginois, etc.) entretenaient avec cette île (1). D'autres croient y reconnaître un objet de fabrique romaine.

ORNEMENTS EN OR.

Je passe sous silence un grand nombre d'objets en or ou en bronze, présumés celtiques, dont la destination est inconnue et qui se rencontrent parfois dans les collections. Je vais seulement dire un mot de certains ornements (pl. X, fig. 1—2) que l'on a trouvés quelquefois en France, et plus fréquemment encore en Irlande dans des tombeaux ou auprès des dolmens (2). Ces ornements consistent dans une tige d'or recourbée et terminée aux deux extrémités par un évasement ou disque tantôt plat, tantôt légèrement concave. Ceux que l'on a découverts jusqu'ici ne diffèrent les uns des autres que par leurs dimensions, le degré de courbure de la tige et par la nature des moulures qui les décorent. On ignore absolument à quel usage ils pouvaient être destinés.

(1) V. l'explication de la pl. xiii du septième volume de l'*Archeologia*.

(2) *Archeologia*, tom. ii, p. 37—38.

MÉDAILLES CELTIQUES.

Les médailles celtiques que l'on rencontre assez souvent en France, peuvent être rangées dans deux classes principales ; les unes tout-à-fait barbares attestent une grande ignorance des arts du dessin et de la gravure, et sont d'une date évidemment plus ancienne que la conquête de César.

Les autres mieux traitées que les précédentes paraissent, au moins en partie, postérieures à cet évènement.

Plusieurs en effet portent des inscriptions dans lesquelles on trouve les lettres de l'alphabet romain, et ces inscriptions qui expriment seulement le nom d'un roi, d'un peuple, et quelquefois celui du lieu où la médaille a été frappée, ont ordinairement des terminaisons latines. On remarque même sur quelques médailles celtiques de la dernière époque, des figures qui montrent bien l'influence romaine, telles que l'Aigle aux ailes éployées, le Sphynx, le Centaure, Pégase, Janus, etc.

Au reste, il paraît que ces pièces n'ont été frappées que dans les premiers temps de la domination romaine (1); elles furent prohibées sous Tibère, et l'on croit que dès le règne d'Auguste les cités gauloises cessèrent de battre monnaie.

Les médailles celtiques ont, pour la plupart, un module qui correspond au moyen et au petit bronze des Numismates; c'est-à-dire qu'en général leur diamètre n'excède pas celui de nos pièces d'un franc ou de trente sols, et qu'il n'est pas moindre que celui des pièces de cinquante centimes; quelques-unes gauloises sont cependant plus petites encore que ces dernières et n'ont que quatre lignes de diamètre.

Les médailles celtiques sont en bronze, en or ou en argent, avec un mélange plus ou moins considérable de plomb ou d'étain; la plupart d'entr'elles paraissent avoir été coulées et non frappées. Elles sont imparfaitement arrondies, souvent un peu convexes d'un

---

(1) M. Champollion-Figeac, qui a donné dans son Manuel d'Archéologie un excellent article sur les médailles gauloises, fait remarquer que du temps de César l'émission des monnaies d'argent dut être considérable dans les diverses cités de la Gaule, et que les noms de plusieurs chefs gaulois, connus par les écrits de ce grand capitaine, se voient sur quelques monnaies de cette époque. Telle est la médaille de Dumax, commandant gaulois des Pictones pour Jules-César, qui a été décrite et figurée par M. Champollion.

côté et concaves de l'autre : quelques - unes sont presque carrées ou triangulaires, et l'irrégularité des flans peut être regardée comme un caractère des médailles gauloises.

Celles qui sont antérieures à la conquête romaine présentent assez souvent d'un côté une tête garnie de cheveux bouclés ou coiffée d'une manière toute étrange (1). Sur le revers ce sont des roues de chars, des sangliers ou porcs, des chevaux dans diverses positions et extrêmement mal faits, des oiseaux, des animaux sans modèle dans la nature et des symboles inexplicables pour nous. Quoique très-grossières ces pièces offrent quelque ressemblance avec les monnaies grecques, particulièrement avec celles de Macédoine. M. le baron Chaudruc de Crazannes fait observer que cette imitation est surtout visible sur les médailles celtiques d'or et d'argent.

Ces dernières présentent d'un côté des têtes d'homme, quelques-unes couronnées de laurier

---

(1) Quelques-unes des coiffures bizarres remarquées sur les têtes des médailles celtiques, rappellent ce passage de Diodore de Sicile : « Æneis præterea galeis cùm magnis appendiciis, ad pro-
« lixam ostentationem factis, capita muniunt. Nam vel cornua
« offixa, vel avium, quadrupedumque facies in illis expressa
« habent. » (*Note de M. Deville.*)

et d'autres en plus grand nombre entourées de cheveux bouclés.

Au revers elles ont presque toutes un char attelé d'un ou de deux chevaux, conduits par un homme debout; sur quelques-unes on voit des légendes barbares en caractères grecs mal formés, et il paraît que ceux qui ont fabriqué ces médailles ont voulu imiter les Philippes de Macédoine et leur légende *Philippos* (1).

En général, les médailles celtiques de la deuxième époque se rapprochent plutôt des monnaies romaines que des monnaies grecques. Lorsqu'elles portent des inscriptions, ce qui est assez ordinaire, le nom du roi ou du magistrat (2), à l'effigie duquel la pièce a été frappée, est placé près de cette effigie, et le nom du peuple ou de la cité au revers; ou bien le nom du peuple se trouve du côté de la

---

(1) Essai sur les antiquités de la Charente-Inférieure, par M. Chaudruc de Crazannes, p. 124.

Il n'est pas très-rare de rencontrer dans l'ouest de la France des monnaies d'or de Philippe II, père d'Alexandre; quelques-unes peuvent y avoir été introduites dans des temps très-anciens, mais la plupart n'ont dû y être apportées que plus tard. Il paraît que les Philippes dont parlent souvent les écrivains romains furent en circulation dans les diverses parties de l'empire Romain jusqu'à sa décadence.

(2) On pourrait y voir de préférence un magistrat, ces médailles datant pour la plupart de la conquête de la Gaule.

tête qui, dans ce cas, pourrait représenter la cité, et le revers est sans légende. On remarque un cheval libre sur le revers d'un grand nombre de médailles (1), et cet animal est pris généralement pour l'emblême de la guerre et de la liberté. Le porc, le bœuf, etc., se voient encore assez communément sur les revers des monnaies gauloises.

Sur quelques-unes les noms de peuples ont une terminaison grecque. On lit *Santonos* sur celles de la Saintonge, *Lexovios* sur celles des Lexoviens ; d'autres présentent aussi dans leurs légendes un mélange de lettres romaines et de lettres grecques.

Les médailles gauloises méritent d'être soigneusement examinées ; elles offrent un intérêt particulier pour notre histoire nationale, et peuvent nous fournir quelques lumières sur la civilisation de nos ancêtres ; car un peuple qui bat monnaie est sorti de la barbarie. Malheureusement il est impossible de déterminer à quelle époque cet art s'est introduit en Gaule, mais tout porte à croire qu'il y était déjà très-ancien à l'époque de la conquête romaine.

(1) Notamment sur celles des Eburovices (d'Evreux), des Andegaves (d'Angers), des Turones (de Tours), etc.

De bonne heure il fallut que les nations gauloises apprissent à se servir de monnaie pour leurs échanges. Le commerce de Marseille, si favorable aux progrès de la civilisation, exerça aussi une grande influence sur la propagation de cet usage. Dès le IIe siècle avant l'ère chrétienne, la Gaule jouissait à Rome d'une grande réputation d'opulence, et les monnaies, signe représentatif des richesses, devaient y être communes (1).

Vous trouverez, Messieurs, dans le savant ouvrage de M. Mionnet des détails intéressants sur quelques monnaies celtiques, et bientôt vous jouirez d'un travail spécialement consacré à cette branche de la numismatique. M. Ed. Lambert, membre de la société des Antiquaires de Normandie, qui depuis plusieurs années s'est occupé de réunir et de décrire une très-grande quantité de monnaies gauloises,

---

(1) Strabon parle d'un certain Luern, roi des Arvernes, qui vivait vers le milieu de ce siècle, et qui semait l'or et l'argent à pleines mains lorsqu'il paraissait en public.

Luerius pater Bituiti ejus qui contra Maximum et Domitium bellum gessit, tantis fertur opibus luxuriatus, ut aliquando ostentandæ amicis opulentiæ suæ causa curru per campum veheretur, auream argenteamque monetam hinc inde dispergens, quam comites ipsius colligerent. Strab., lib. IV.

doit incessamment livrer à l'impression le résultat de ses recherches; il joindra à son ouvrage des planches qu'il a dessinées lui-même avec la plus grande exactitude, et qui offriront une suite aussi nombreuse que variée de médailles celtiques trouvées dans le Nord-Ouest de la France.

Localités. Les monnaies gauloises sont beaucoup plus rares en France que les médailles romaines, cependant il n'y a peut-être pas de département dans lequel on n'en ait découvert un assez grand nombre; on en a recueilli dans beaucoup de localités des départements de l'Eure et de la Seine-Inférieure (1), du Calvados (2) et de la Manche (3); elles ne sont pas moins communes dans l'Anjou, la Brétagne, la Saintonge, etc. On a trouvé près d'Angers, en 1828, environ mille médailles celtiques ren-

(1) Voir les indications données par M. Le Prévost dans l'ouvrage de M. Lambert.
(2) Notamment dans l'arrondissement de Falaise ; à Carel, aux Bignettes, commune de Cauvicourt, et à Mezières ; à Clinchamps, arrondissement de Caen ; auprès de Bayeux ; dans l'arrondissement de Lisieux, etc.
(3) Mém. de la Soc. des Antiq. de Norm., tom. IV. — Plusieurs médailles celtiques sans inscriptions, trouvées à Montanel, sur les confins de la Normandie et de la Brétagne, ont été déposées par M. le vicomte de Guiton, dans le musée de la Société des Antiquaires.

fermées dans un vase de terre grossièrement travaillé et déposé dans une espèce de puisard, aux environs duquel on avait rencontré plus anciennement des haches. Ces médailles étaient de deux ou trois modules, en bronze et en argent ; une seule était d'or ; aucunes ne portaient d'inscriptions ; les figures que l'on voyait sur elles se rapportaient à douze ou quinze types différents (1).

Auprès de Lamballe en Brétagne, un laboureur de Saint-Denouail, brisa il y a quelques années avec le soc de sa charrue un pot qui renfermait environ quinze cents médailles gauloises dont plusieurs ont été décrites (2).

Je vous citerais bien d'autres trouvailles du même genre, si l'ouvrage de M. Lambert ne devait pas entrer dans beaucoup de détails sur celles qui ont eu lieu dans l'Ouest de la France.

Les médailles celtiques découvertes en Angleterre offrent une parfaite ressemblance avec les médailles gauloises. Comme chez nous elles

---

(1) Renseignements communiqués par M. Grille, conservateur de la bibliothèque publique d'Angers. M. Grille possède une grande partie de ces médailles dans sa précieuse collection d'antiquités ; il en a fait l'objet d'un mémoire qui a été présenté à l'Institut.

(2) Notice sur des médailles attribuées aux Armoricains ; par M. de Penhouët, p. 3—4.

sont pour la plupart sans légende ; les plus curieuses de celles qui portent des inscriptions sont les monnaies de Cunobelinus, petit souverain bréton qui vivait, à ce que l'on croit, entre le règne d'Auguste et celui de Caligula; elles ont été décrites par M. Samuel Pegge, antiquaire anglais. Elles présentent d'un côté le nom de Cunobelinus avec différents modes d'abréviation, et de l'autre celui des lieux où elles ont été frappées. On connaît en Angleterre des médailles à l'effigie de plusieurs autres rois brétons.

POTERIES CELTIQUES.

Nous ne possédons pas encore de notions certaines sur l'art du potier dans les Gaules avant la domination romaine (1), et je n'ai que des observations peu nombreuses et bien incomplètes à vous présenter sur cette partie de nos antiquités celtiques. Il est d'autant plus difficile de distinguer les poteries gau-

---

(1) M. Alexandre Brongniart, membre de l'Institut, et directeur de la manufacture royale de Sèvres, prépare en ce moment un ouvrage complet sur l'histoire de l'art du potier en France ; on attend avec impatience cet important travail, qui bientôt nous révélera des faits du plus haut intérêt.

loises qu'excepté dans les *tumulus* elles se trouvent presque toujours mélangées avec des poteries gallo-romaines, les mêmes lieux ayant été habités avant et après la conquête de César.

De peur de confondre ces deux espèces de poteries, je vais me borner à vous faire connaître quelques-unes de celles qui paraissent incontestablement antérieures à la domination romaine.

La poterie découverte dans le *tumulus* de Fontenay-le-Marmion (Calvados) est formée d'une terre noire mal préparée et remplie de petits cailloux, qui a produit une pâte courte et sans liaison. Tous les morceaux que j'ai examinés sont fragiles et très-peu cuits; leur cassure n'est jamais nette, mais toujours celluleuse (pl. XI, fig. 1—2). Leurs surfaces internes et externes ont une couleur approchant de celle de la rouille, et qui est due au commencement de cuisson qu'ils ont éprouvée; à l'intérieur la terre est demeurée d'un noir intense (pl. XI, fig. 1). Soumise à l'action du feu, la poterie dont je parle prend extérieurement une couleur *rouge-brique;* l'intérieur reste noir; elle devient plus fragile après cette opération qu'auparavant.

Les vases découverts à Fontenay ne paraissent pas avoir été faits à l'aide du tour, ils ne portent aucunes moulures ; ils ont seulement été frottés à l'extérieur avec un outil qui les a polis irrégulièrement, de manière qu'ils offrent des facettes plus ou moins lisses (v. la pl. XI). Quant à la forme de ces vases, elle est exactement indiquée par le dessin que j'ai l'honneur de vous présenter (pl. XI), et vous vous rappellez ce que j'en ai dit en parlant du *tumulus* dans lequel ils avaient été renfermés (p. 136).

Les poteries celtiques qui ont été découvertes près de Dieppe offrent des caractères tout-à-fait ressemblants à ceux que je viens d'indiquer. D'après les observations de M. Féret, « la pâte de ces poteries n'est pas solidement liée ; elle est pleine de parcelles de silex et si mal préparée qu'elle contient des portions de cailloux de la grosseur d'une petite fève ; la couleur en est noire et brun foncé. Cette pâte a peu de consistance ; lorsqu'elle est sèche, on la casse avec la plus grande facilité, et on peut la broyer sous les doigts : si on l'humecte, elle représente assez bien des morceaux de vieille écorce qui auraient été long-temps exposés à la pluie. Si l'on soumet les fragments de cette poterie à l'action d'un feu violent, ils se colorent en rouge à leur surface interne et externe, tandis que l'intérieur reste noirâtre ; on serait donc tenté de croire que cette poterie n'a pas été cuite. Quant aux formes, ajoute M. Féret, elles annoncent tout-à-fait l'enfance de l'art ; excepté quelques fragments où l'on reconnaît l'usage du tour, les autres ont appartenu à des vases qui paraissent avoir été moulés sur une forme intérieure et polis avec la main, ou taillés à l'aide de quelque instrument. Sur plusieurs fragments on reconnaît à la surface extérieure, des coups d'une espèce de doloire. Les ornements consistent dans des filets mal conduits et dans de petites hoches sur le bord de l'orifice (1). »

Les descriptions précédentes s'accordent assez bien avec celle que font les antiquaires anglais de la poterie découverte dans plusieurs *tumulus* de la Grande-Brétagne (2), et cette analogie est bien intéressante à noter ; mais il est probable que les Celtes avaient des poteries plus solides, moins grossières que celles dont je viens d'indiquer les caractères, et peu

(1) Mém. de la Soc. des Antiq. de Norm., vol. III, p. 60.
(2) Norris Brew., introduction to the Beauties of England and Wales.

différentes de celles dont j'ai trouvé un très-grand nombre de fragments dans les ruines de plusieurs maisons rurales de construction gallo-romaine; car la simplicité des mœurs primitives dut se conserver assez long-temps dans les campagnes. Je vous parlerai de ces poteries lorsque nous étudierons les antiquités gallo-romaines, et je pourrai vous en montrer de nombreux échantillons recueillis dans le département du Calvados.

Mais, je le répète, nous sommes d'autant plus éloignés de connaître l'état de l'art du potier avant la domination romaine que les vases funèbres, les seuls que nous puissions avec certitude rapporter à une époque aussi reculée, ont des formes particulières qui étaient peut-être commandées par des motifs superstitieux.

Observation. Parmi les objets d'art que nous venons d'énumérer nous ne voyons que des instruments dont la matière a pu résister aux atteintes du temps ; aucun de ces meubles en bois qui devaient garnir les maisons gauloises n'est parvenu jusqu'à nous (1).

---

(1) Les gaulois travaillaient le bois avec une certaine habileté ; ils avaient des chars de plusieurs espèces; quelques médailles celtiques offrent la représentation de siéges munis de dossiers

Le petit nombre de faits que nous avons recueillis est donc loin de pouvoir nous donner la mesure de l'industrie, dans la Gaule, avant l'occupation romaine, et l'opinion que l'on essaierait de s'en former ne saurait être basée que sur des inductions fort incomplètes.

et montés sur quatre pieds (1); on sait aussi que les corbeilles d'osier fabriquées en Gaule excitèrent l'admiration des Romains.

---

(1) Norris Brewer, ouvrage cité p. 40.

CHAPITRE VIII.

Réflexions sur les erreurs commises par ceux qui ont supposé aux Gaulois des arts appartenant à une civilisation avancée. — Conclusion. — Tableau synoptique des antiquités celtiques.

Hors des édifices et des objets que nous avons examinés jusqu'ici, il n'en est pas que nous puissions regarder comme celtiques, si nous voulons nous restreindre aux limites du vrai. En cela notre opinion s'accorde avec celle de M. Dulaure que nous avons combattue sous un autre rapport.

« Ceux qui supposent aux Gaulois, dit-il, des édifices somptueux et des arts appartenant à une civilisation avancée, tombent dans des erreurs de temps et de lieux. Ils tombent dans des erreurs de temps, parce qu'ils confondent les Gaulois indépendants et encore dans l'enfance de la civilisation avec les Gaulois soumis au joug, façonnés aux mœurs et aux usages des Romains; ils se méprennent aussi grossièrement que le ferait celui qui, pour peindre l'état des sciences et des arts du XVe. siècle chez les Français, irait emprunter ses couleurs, dans les productions du XVIIIe. »

« Ils tombent dans une erreur de lieux, lorsqu'ils s'autorisent du témoignage de quelques écrivains qui parlent des Gaulois en général et qu'ils attribuent aux habitants du centre et du Nord de la Gaule les mœurs des Gaulois de la Narbonnaise devenus Romains près d'un siècle avant que César fît la conquête des autres nations de la Gaule (1). »

Dans ce qui précède, Messieurs, j'ai dû me borner à vous donner des principes généraux au moyen desquels vous puissiez vous livrer sans guides à l'étude des antiquités celtiques. C'est à vous de faire l'application de ces principes et de les féconder par vos propres observations.

Je regrette d'avoir été forcé de vous présenter souvent des probabilités plutôt que des faits positifs en traitant les questions qui se rattachent aux monuments que nous venons d'examiner; car ces hésitations laissent nécessairement du vague dans les idées, mais nous

---

(1) Mémoire déjà cité dans le deuxième volume de la Société des Antiquaires de France, p. 136.

avons des notions si incomplètes et si peu certaines sur tout ce qui touche à l'ère celtique, qu'il ne faut pas craindre d'avouer notre ignorance relativement à une foule d'objets importants.

Cet aveu que j'aurai souvent à vous faire, même en parlant de temps moins anciens, me semble bien préférable à des assertions hasardées, et à cet égard vous partagez, j'en suis sûr, ma conviction.

La science des antiquités n'a que trop longtemps, comme tant d'autres connaissances humaines, été en proie à cette manie de tout expliquer, à qui des faits douteux suffisaient pour établir les conjectures les plus hardies.

Mais aujourd'hui le temps des hypothèses est passé; l'archéologie devient de plus en plus positive et ne se fonde que sur des faits rigoureusement observés.

Grâces à cette véritable manière de procéder, elle a fait de nos jours des progrès immenses, et maintenant elle présente la même certitude que les sciences physiques d'observation.

Je termine cette première partie du cours en mettant sous vos yeux le tableau synoptique des antiquités celtiques.

www.ingramcontent.com/pod-product-compliance
Lightning Source LLC
Chambersburg PA
CBHW050635170426
43200CB00008B/1026